女優にあるまじき高峰秀子

斎藤明美

草思社

はじめに

非難を覚悟で言えば、女とはお喋りで感情的で意地悪な動物だ、と私は思っている。そしてさらなる非難を覚悟で言えば、女優とは、その女のイヤな部分を凝縮した生き物である。

テレビの下っ端構成作家の時代から週刊誌の記者を退職するまで、延べ三百人近い女優に取材した結論である。

もちろん、そうでない女優もいた、八人。心ある方たちだったと、今でも取材を受けてくださったことに感謝している。

高峰秀子は、異色だった。ために私は、高峰に出逢う前以上に、女優が嫌いになった。

何と無礼で独断的なヤツかと思う人は、試しに三百人ほど、女優に取材してみればいい。テレビのトーク番組で見せる彼女らの態度と、名もない記者を前にした時の彼女らのそれが、どれほど違うものか、わかる。

彼女たちは間違いなく、己を特別な人間だと考えている。

女優はスクリーンや画面の中でのみ観るのが無事で、ゆめゆめ近づくべからず。

その意味で、高峰秀子は、最も女優に不向きな、女優として致命的とも言える資質を持った女優だった。
女優にあるまじき、大女優だった。

平成三十年九月

斎藤明美

女優にあるまじき高峰秀子・目次

女優にあるまじき高峰秀子

待たせない

こんな経験をした。

週刊誌の記者をしていた頃、ある女優、というより声優として知られている人に、インタビューした時のことだ。

私は取材場所であるホテルの談話室に、約束の時刻の三十分前に着いた。ゲストより先に来るのは常識だし、私の場合はこの三十分で部屋を確認したり、テープレコーダーやノートを卓の自分の前に並べて、作成した相手の年表を読み直すなど〝武器〟の確認をしておかないと落ち着かない。臆病なのだ。

が、その時は、意外にもすでに相手が来ていた。え、何でこんなに早く？　そう思ったら、部屋の前にマネージャーがいて、「今、化粧をしているのでお待ちください」と。

おや？　と思った。確かに写真は撮る。だがグラビアではない。事前に先方にも該当ページを送っているが、記事中に載せる縦横五センチほどのモノクロ写真だ。だから取材中に撮影しないで、いわゆる宣材用の写真を使用する芸能人もいるくらいだ。

ここへ来る前に化粧できなかったのか？

だがまぁ、化粧をしているというのなら待とう。約束の時間まで三十分もある。もっとも相手に部屋を占有されているので、こちらは武器の配置ができないが。

私は廊下の隅で取材ノートを確認し始めた。

十分、十五分、外に出て煙草を吸ったが、まだ化粧は終わらない。

約束の時間が来た。

ドアは開かない。マネージャーの姿はない。

忘れようにも忘れられないが、ドアが開いたのは、実に四十分後だった。

私が来てからではない。何時からインタビューという、約束の時刻から四十分後。ということは、私が来る前から化粧をしているのだから、優に一時間以上は顔を塗りたくっていた勘定になる。

私は正直、腹が立った。

だってその人は声で売っている人だ。顔で、美貌で売っている人ではないのだ。

驚いたことに、ようやく私が部屋に入ると、部屋の中央に巨大な鏡台が置かれていた。もちろんホテルの談話室にそんなものは備え付けられていない。運んできたのだ、自宅の鏡台を。

見ると、鏡台の前には化粧水からファンデーション、ブラシ、ドライヤー、アイライナー、紅筆《べにふで》……所狭しと置かれていた。

舞台の楽屋か、ここは。

「こんにちはぁ」

だが本人は何ら気にかける様子もなく、上機嫌で、私に笑いかけた。

人を四十分も待たせたことも、たかだか記事中の小さな写真に撮られるために鏡台まで運び込んだ非常識も、まったく意に介していない。

とどめは、肝心の話の内容。二時間という約束を三時間以上も喋った挙句、内容がきわめてつまらなかったことである。

本来、ゲストが長く話してくれることはこちらにとってとても有難いことだ。だが、本人だけがわかっているからと、別に著名人でもない人の固有名詞を説明もなく次々に挙げ、時制も前後して、まず、つまらない以前に、わかりにくい。俳優は人に〝伝える〟ことが仕事ではないのかと、私は内心で疑問を抱きながら、「その方はどういう方ですか？」とあえて相手の話の腰を折らなければ、人物が判明しなかった。

その女優に悪意がないのはわかる。だが勘違いしている。人をどれだけ待たせても〝許される立場〟だと思っている。そしてもっと重要なことは、自分が話している内容を第三者も同じように把握できているかどうか、その客観性を持ちえていないことだ。これは多くの女優に見られる傾向である。

その傾向を微塵も持っていなかった人が、高峰秀子という女優である。

おそらく高峰は、八十六年の生涯で、公私ともに、人を待たせたことは一度もないと思う。

少なくとも私が知る晩年の二十年、高峰は、約束の時間より十五分は前に、相手との約束の場所に着いていていた。

「霊柩車のごとく、ゆるゆると走ってください。私たちもその分、早く家を出るようにしますから」

代々の運転手さんに、彼女は夫・松山善三とともにそうお願いしていた。

渋滞に巻き込まれた、車がエンコした、パンクした……不測の事態が起こっても遅刻せぬよう、心がけていた。

「鬼の棲む館」（昭和四十四年、三隅研次監督）という映画がある。高峰が一度だけ勝新太郎と共演した作品だ。

勝新太郎は撮影に遅れてくることで有名な人だった。高峰は早く現場に入ることで知られていた。毎日一時間、時には二時間、勝は遅れてきたそうだ。だが高峰は何も言わなかった。

ある日、高峰はいつものように、その背景となっている平安時代の扮装をして、メイクもすっかりすませて、撮影開始を待っていた。つまり勝新太郎の到着を待っていた。

だがこの日、いつもと違ったことは、高峰が控室ではなく、現場で、椅子に掛けて待っていたことだ。

そこへ勝が現れた。もちろん衣装もつけずメイクもせず、普段着のまま素顔で、一時間以上遅れて。

「…………」

高峰は、黙ってジロリと勝を見た。

次の日から、勝新太郎は遅れてこなくなったそうだ。ただし他の作品は知らないが。

十五年ほど前、私が初めての自著『高峰秀子の捨てられない荷物』を準備していた時だ。装丁について相談するため、ホテルのロビーで編集者と装丁家と打ち合わせをすることになった。

私の本ではあるが、当然のように編集者も装丁家も、そして私も、高峰のセンスに頼んでいた。

「十時半に来なさい。うちの車で一緒に行きましょう」

前日、高峰は言った。

ホテルでの約束の時間は十一時。ホテルは松山家から車で五分だ。十時四十五分発で充分なのに、かあちゃんらしいや。私は思ったものだ。

冒頭でエラそうなことを書いたが、実は私は愚図で、うっかり屋だ。おまけに夜は強いが朝が弱い。だから家を出る時、いつもバタバタする。

その日も、当時住んでいた、松山家まで徒歩五分のマンションから、駆けた。そして「なんでこうかあちゃんの家は高い所にあるんだ」と恨みがましく思いながら、二つの坂を駆け上がった。十時半までにあと二分ある。よし、楽勝だ。この坂を上れば、松山家は目の前だ。

で、坂を上りきって、目を上げると、見慣れたシルバーブルーのジャガーが、すでに松山家から二十メートルは出た所に停まっている。

一気に走った。

そしてジャガーの後部座席のドアを開け、シートに滑り込んで、私は言った、

「セーフだね」

すると横に座っている高峰が白い顔で一言、

「置いていきますよ」

流れる汗をハンカチで拭きながら私は、

「だって、今、ちょうど十時半だよ」

高峰は前を向いたまま、私の顔も見ずに、

「十時半と言ったら、少なくとも十分前に来るものです」

グウの音も出なかった。

高峰は決して怒らない。遅れてきた相手を責めたり、嫌味を言ったり、一切しない。

だからこそ、怖い。

だが一度だけ怒ったことがある。

ある編集者が安野光雅画伯をタクシーでアトリエまで迎えに行くのに、四十五分遅れた一件だ。

その編集者のいる出版社から画伯のアトリエまで普通なら車で十五分だから、編集者はそのつもりで社を出たら、ひどい渋滞に遭ってしまったと弁解したそうだ。

高峰がその翌日、私に言った、

「普段十五分で行ける所でも、用心して早く会社を出るべきです。早く着きすぎたらアトリエの前で待てばいい。それを、お忙しい安野先生を四十五分も待たせるなんて……」

まさに湯気を立てんばかりに怒っていた。

だが画伯をピックアップしたのち同乗するはずだった自分が一時間半待たされたことに

は一言も触れなかった。そのことを私は後日、別の編集者から聞いて知ったのだ。

高峰は自分のためには怒らない。自分が大切に想う人のために、怒る。

相手が「長」の付く人であろうと、名もない若輩者であろうと、高峰は、必ず約束した時間より早く着く。

相手を待たせない。自分が待つ。

「五十年、無遅刻無欠席です」

いつか高峰が、さらりと言った。

「一度だけ風邪で高熱を出して、さすがに明日は行けないかなと思っていたら、翌朝、大雪になって撮影そのものが中止になったの。だから欠席にならなかった」

五歳から五十五歳まで、五十年間、高峰秀子は一度も撮影に遅刻せず、休まず、そして三百余本の映画を遺した。

自作を観ない

特に往年の女優と呼ばれる人たちは、自分がかつて出た映画を観るのが好きだ。

多くの場合、そのかなり昔の、自分が若かった頃の映画を、一人で観るのではなく、他人を誘って観るのが好きだ。中には大勢集めて「上映会」などと銘打つ女優もいる。「観ましょうよ」と誘われて断ることができるのは、その女優と対等か、それ以上の人であり、それ以下の人間が断るのは至難だ。

そもそも女優は、自分が誘えば誰も断らないと思っている節がある。少なくとも私の経験からは。

一度、郊外のカフェレストランである女優にインタビューをしている時、取材が終わりに近づいた頃「このあと一緒に夕食を食べましょうよ」と言われたので、「すみませんが、次の予定がありますので」と断ったら、「え？　食べていかないの⁉」とひどく驚いて不機嫌な顔をされた。

誰にでも予定はある。こちらの都合も考えずに当然承諾するであろうと思っているところが不思議だ。事実、私はそのあと、松山家で夕食をご馳走になることになっていた。だがたとえその予定がなくても、私はその女優と食事はしない。人には好き好きというものがある。たとえそれがしがない週刊誌記者であっても、選ぶ権利はある。取材後、不満そうな女優に、私は別れを告げた。

「映画を観ましょうよ」と私を誘ったのは別の女優だが、年代はくだんのレストランの女優と同じくらいだった。つまり高峰と近い世代。この頃の女優たちは映画会社に大切にされたゆえか、はたまた世間が雲の上の人扱いしたせいか、よく言えば「世間知らず」、悪く言えば「わがままな女王様」が多い。

私は映画の誘いを、一度目は「残念ですが、予定が」と丁重に断ったが、さすがに二度目に誘われると断り切れない。前に取材を受けてもらった義理もあるし。

それでその女優の自宅で夜、彼女が若い頃に出た映画を観たのだが、とにかく疲れる。褒めなければいけないから。

(私は古い日本映画には結構詳しいので、この作品もすでに観ていますが、ハッキリ言って、好きな作品ではありません。もっと言えば、あなたという女優の演技の性質《たち》が好きじゃないんです)

そんな正直なことが言えるはずはない。

初めて登場する場面では「お綺麗ですねぇ」と感に堪えぬふりをしなければならないし、

「いえ、今でもお綺麗ですが」を直後に付け加えるのも忘れてはいけないし、「いやぁねぇ、こんな顔して」だの「今ならもっとましな演技ができるんだけど」だのという愚にもつかぬ女優の発言に、いちいち「そんなことありませんよ……云々かんぬん」と合いの手も入れなきゃいけないし……疲労困憊だ。

そんなある日、

「そう。それはどうも」

とだけ言って、高峰は電話を切った。

「今夜○時から△局で『二十四の瞳』（昭和二十九年、木下恵介監督）をやりますよ」という知人からの電話だった。

「かあちゃん、観るの?」

私が訊くと、

「観ません」

高峰はひと言言うと、さっさと台所に行って夕飯の支度を始めた。

高峰は自分の出た映画を観ない。

映画会社から、あるいはファンから送られてきた高峰の出演作のビデオが納戸で埃をかぶっている。

「そう言えば、かあちゃんは自分の映画、観ないねぇ」

その時、私は言ってみた。

「観ない」

高峰は即答した。

「どうして？」

私は訊いた。

「興味ないから」

高峰は即答した。

「興味ない……？」

独り言のように私が呟くと、

「観てどうするの」

何か鼻先で笑うように高峰は言った。

「懐かしいとか？」

と私。

「全然」

今度は明らかに鼻で笑った。

「なぜ興味ないの？」

大根を切っている高峰の側で、なおも私は訊いた。

「私は仕事でやっただけです。やるだけのことはやったんだから、もういいの」

切った大根の面取りをしながら、高峰は応えた。

それ以上食い下がるのはやめた。高峰は料理を作る時も真剣だから。

私は食卓に戻り、一人で煙草を吸いながら、高峰の言葉を反芻した。

やるだけのことはやったんだから、もういいの――。

そこで終わっている。済んだことを今さら自分が観てどうなる。未練も後悔もない。そういうことか……。

その時に全力を尽くすことがすべてであり、それが仕事というものだ、ということか……。

「卵焼き、食べるか？」

台所のカウンター越しに高峰が訊いた。

「うん、食べる食べる！」

私は大喜びで答えた。

かあちゃんの卵焼きは絶品だ。それに今夜は大根煮もあるみたいだ。美味そうだ。

食いしん坊の私は、それなり、映画のことは忘れた。

何年か経って、珍しいことがあった。

「あんた、『浮雲』持ってる?」

唐突に高峰が訊いた。

私がビデオマニアなのを知っていて、コレクションの中に高峰が主演した「浮雲」(昭和三十年、成瀬巳喜男監督)があるかと訊いたのだ。

「もちろん、あるよ」

「貸してくれる?」

「いいよ」

翌日、私は松山家の郵便受けに「浮雲」のビデオを入れておいた。まだ私が松山家の近くのマンションに住んでいた頃だ。

その夕方、食事に行った時、当時は下宿のように毎日夕飯を食べさせてもらっていたのだが、ビデオを返してくれた高峰に私は訊いた、

「かあちゃんにしては珍しいね。自分から観たいなんて」

「観たことなかったのよ」

高峰は言った。

「え？」

私は驚いた。「浮雲」と言えば、日本映画の金字塔と言われ、何より高峰の代表作である。それを本人が観ていない？

「ラッシュ（確認のため監督やスタッフ、出演者がその都度、撮影したシーンを観るもの）は観たけど、完成したものは観たことがなかったの。昨日あんたが貸してくれたビデオで初めて観た」

五十年近く経っている。

「どうだった、観て？」

興味津々で私は訊いた、

「いい映画だった。高峰さん巧いね」

他人事のように言うので、私は思わずクスッと笑った。

だが高峰は笑っていなかった。

冗談で言ったのではないのだ。

いつか高峰がこんなことを言ったのを思い出した。

「映画に出ている人は私とは別の人です」

いかに女優という仕事を、仕事として割り切っていたか、自分を他者として客観視していたか。その言葉を聞いた時、私は高峰秀子という女優の、仕事への厳しさを感じて、居住まいを正したのを覚えている。

なぜ急に高峰が「浮雲」を観たいと思ったのか、理由は聞いていない。「浮雲」は、高峰の最後の作品になるはずだった。結婚して女優をやめるつもりだったので、すでに撮影が決まっていた「浮雲」の幸子を演じるにあたり、高峰は心の内で思ったそうだ、「これが私の最後の仕事だ」と。

私に言ったことがある、

「だから、あれは、やる気でやりましたよ」

だが幸か不幸か、結婚した一歳年下の松山青年は月給一万二千五百円の貧しい助監督だったので、高峰は引退できなかった。

その後、私が高峰について連載するために、観てくれと頼んで一緒に彼女の作品を観たことがある。その時の高峰の姿は実に印象的だった。

ただ黙って、じっと観ていた。

その姿には何か近寄りがたい空気があり、私には高峰の横顔を盗み見ることさえはばかられた。そこには、自分が出ているという懐かしさや愛着など一切なく、映画人としての目しかなかった。大勢のスタッフが汗水垂らして作り上げた映画というものへの敬意と、一つの作品をまるで精査するような冷徹な目。
自作を観ない高峰が、自ら「観たい」と言った、最初で最後の映画「浮雲」――。
その時もきっと、高峰秀子は一人、冷めた目をして画面を見つめていたことだろう。

マネージャー、付き人を持たない

「付き人」とは、広辞苑によると〈付き添って世話をする人〉の意である。なので本来は一般に使う言葉なのだが、今では芸能人の付き人を指すことがほとんどで、業界用語のようになっている。

歌手や俳優を目指す弟子が兼ねることもあれば、付き人を専業にする人もいる。だが時に悲惨なのは、付いている人と付かれている人との認識が違う場合だ。

以前、ある女優の付き人をしている三十代後半の女性がいた。彼女は、女優が舞台に出る時には、楽屋の上がり框《かまち》で草履や靴を揃えることに始まり、掃除洗濯、女優の食事の用意、荷物の整理……女優の身の周りのことすべてを行っていた。だがたとえ台詞が一言二言でも、同じ舞台に出ていたので、私はその女優に「あの方は先生のお弟子さんなんですね?」と訊いたことがある。と、その女優は妙に不快な顔をして、「違うわ。付き人よ。私は弟子は持たないから」と。私は、外の人間に対して「〇〇（女優の名前）の弟子です」と自己紹介しているその女性の姿を思い出して、何とも言えない気持ちがした。

本人は付き人をしながらいつかは名のある女優にと願っているのだが、付かれている当の女優は彼女を単なる付き人としか考えていない。それならそれで、「私が舞台に出る時には少し出してあげるけれど、私は弟子はとらないから、あくまであなたは付き人ですよ」と、雇用する際に本人にハッキリ言ってやるべきではないのか。そのあたりをあやふやにして二十年近くも側に置いているのは〝便利に使っている〟としか私には思えなかった。それではその女性が可哀相すぎる。

おや？　と思った。

それはもう二十年以上前だが、初めて高峰に長いインタビューをした時のことである。私の上司が「高峰さんなら取材場所はホテルAのスイートを」と言うので、予約した。そんな高級ホテルのスイートルームなど足を踏み入れたことのない私は、準備のために部屋に入った途端、目を見張った。寝室と応接間が別々で、それぞれが広く、トイレは二つあった。

約束の時間の十五分前に私はホテルの玄関に行った。二分もせぬうち、上品なシルバーブルーのジャガーが車寄せを回って、正面に着いた。今思えば長年松山家の車を運転してくれた律儀な男性だったが、彼が後部座席のドアを開けて、高峰の細い脚が地面に下りた。

「こんにちは」

スッと立った高峰が微笑むと、彼はドアを閉めた。

そこで「おや？」と私は思ったのだ。

一人なのか？　これまでの三十分ほどで済む取材には一人で来たが、今日は長丁場だし、誰か伴ってくるのではと勝手に思っていたのだ。

察しのよい高峰が言った、

「一人よ」

そして彼女は勝手知ったるホテルのエレベーターのほうへ歩いていきながら、笑い話のように言った、

「前に講演で地方に招《よ》ばれた時にね、駅で出迎えてくれた向こうの人たちがびっくりしたように訊くのよ、『お一人ですか？』って。『そうですよ』と答えると、『前に講演していただいた女優の△△さんは、五人お連れになりましたので、高峰さんもそうだろうと……』って、困ったような顔で言うの」

「五人、ですか……」

私が呆気にとられていると、

「可笑しいね。ただ行って話をするだけなのに、どうして五人も要るのかしら」

その通りである。

だが、ほとんどの女優はご一党さんで来る。少なくとも誰かは連れてくる。私の経験で

最大は、やはり五人だった。事務所の社長、マネージャー、付き人、撮影でもないのにヘヤ・メイクの係、あとは何だか知らない人。本人も入れて都合六名。まるで取り巻きが多いことがステイタスだとでも思っているかのように。

「その全員がコーヒーだのジュースだの飲むわけでしょう。その費用は取材する側が出すんですよ。迷惑な話です」

高峰はちょっと怒ったように、言った。

そんなこちらのことまで考えてくれる女優さんはあなたが初めてです、と私は心の中で言った。

それだけでなく、先のホテルの客室に入ると、高峰は開口一番言ったものだ、

「あなた、今日、ここに泊まるの？」

「え？　いえ、そんな……取材で借りただけです」

すると、

「もったいないわねぇ。たった二時間のためにこんな高い部屋を借りて。私に言ってくれれば結婚式場の控室を貸してもらえたのに。ずっと安いのよ、そこのほうが」

我が家の応接室のように日頃からこのホテルで来客をもてなしている高峰は、ホテルのすべてを知り尽くしていた。そしてこちらが払う費用のことまで心配してくれたのだ。

そしてその日、高峰は約束の二時間が経った時、腕時計も見ないで、「そろそろいいわね」と取材を締めた。

半生を語るその取材で、七十歳を過ぎたゲストで、二時間きっかりで話を終えたのは、後にも先にも高峰秀子だけである。

この取材で私は高峰から多くのことを学んだが、強く印象に残っているのは、帰りだ。取材が終わって一緒にホテルのロビーに下りると、高峰は言った、

「じゃ、ここで」

私は驚いた。女優はお見送りするのが当たり前だったからだ。

だから言った、

「お見送りします」

すると高峰は呆れたように、

「そんなことしなくていいわよ。ここで待ってればうちの車が来るんだから」

「でも、お一人にするのは……」

なおも私が言うと、

「あなた、これから会社に帰ってまだ仕事するんでしょ？　忙しいのにそんな無駄なことしなくていいの」

そして悪戯っぽく笑うと、

「バイバイ」

手を振った。

あの「バイバイ」には参った。

私は言葉に甘えて、高峰に挨拶すると、片付けをするためにくだんのスイートルームへ戻った。

実に手のかからない、仕事の早い、しかも素晴らしい談話をくれる人だと、舌を巻いた。

のちに松山がこんなことを言った、

「僕は初めて『カルメン故郷に帰る』（昭和二十六年、木下恵介監督）で高峰と一緒に仕事をしたんだけど、一緒にったって、向こうは雲の上の大スターで、こっちはペエペエの助監督だったけどね。高峰と小林トシ子さんが浅間山の麓で踊るだろう？　あそこで後ろに映る牛をね、僕はフレームに入るように追ってたんだ（笑）。でもあの作品で仕事をした時、思ったよ、『何て手のかからない女優さんだろう』って。高峰は小道具も自分で取りに行くし、何でも自分でやる人だったからね」

松山や私でなくても、一度でも高峰秀子と何らかの形で仕事をした人は、同じ感想を抱くはずだ。

ただし、高峰は映画の撮影には一人連れていった。

だがそれは付き人ではなく、自宅のお手伝いさん。

「撮影の合間に私の所へ監督や共演者が話をしに来た時、椅子やお茶を出してもらうため」

スタッフも自宅のお手伝いさんだということを知っているから、高峰の出番の時、こう言って呼びに来たそうだ、

「麻布の奥さん、出番ですよ」

お手伝いさんはカタギだ。役者になりたいわけでも、業界に顔を売りたい人でもない。自宅でしているのと同じようなことを、高峰の周りにいる人に配慮して行うのである。またそのお手伝いさんが高峰の気性を心得ているので、撮影の進行を見ながら、しずしずと荷物をまとめ、撮影が終了して高峰が控室に戻ったら化粧を落として私服に着替え、実に車に乗るまで五分。今でも当時のことを知っている人は、「高峰さんはいつも風のように帰った」と言う。

「だから女優をしてた頃はどうしてもお手伝いさんは三人必要だったの。一人は撮影所に一緒に行ってもらうでしょ。家にあと一人しかいなかったら、買い物にも出かけられないし、トイレに入ってる時に来客でもあったら困る。だから自宅には二人。で、計三人」

いつか高峰はてきぱきと、そう言った。

連れが多い、話が横道に逸れて長い、世話を焼かせる。それが女優というものだと私は思っていた。

事務所の社長やマネージャーが付いてきて、インタビューの時に本人に代わって答える、本人が喋ろうとしているのを遮る。いかにもこちらを見張っているという体《てい》で側にいる……そんな女優や芸能人が多かった。付き人の場合は、マネージャーも兼ねていれば右とほぼ同じ。純然たる付き人の場合は、話に口は出さないが、見ているこちらが気の毒になるほど、俳優本人から見下した物言いをされていた。「外で待ってろ」「あれを持ってこい」「いやだわ、この飲み物じゃ」「あなた、私の目線に入るから、もっと隅っこにいて」……。現在は知らないが、かつては付き人を殴ったり足蹴《あしげ》にしたり、物を投げつける、そんな俳優や女優がたくさんいた。

ある男優に取材した時、彼は下積み時代のことをこんな風に語った。「俺がいた映画会社はそれぞれ大物俳優の〝組〟に分かれていて、親分っていうか組長は他の組の若い者には話しかけたりしないんだ。俺が付いてた人は、俺が飯を食べてたら、『ろくに働きもしないで飯ばっかり食いやがって』って言うような人で、殴る蹴るはしょっちゅうだった。でも他の組の頭だった若山（富三郎）先生はいつも俺に声をかけてくれて、『腹減ってないか?』『金あるのか?』とか。テレビを買ってくれたこともありますよ。俺が初めて大きな役を貰えたのも、若山先生が監督に『あいつを使ってやってくれ』って強く推してくれたからなんです。本当に若山先生はいい人だった……」

どんな人の付き人になるか。そこで人生大きく分かれる。

付き人もそうだが、マネージャーも、その女優男優の前でどのような振る舞いをするか、どのような会話をするかで、有能さや俳優本人との信頼関係がわかる。

私が出逢った中で、「この人は凄いな」と思ったマネージャーが二人いる。

一人は松本幸四郎（現・白鸚）夫人。もう一人は故・緒形拳氏のマネージャー。

幸四郎夫人をマネージャーと言ってよいかどうかわからないが、実際に見事なマネージメントをしているのは周知である。私は一度だけ幸四郎丈の自宅でインタビューをしたことがあるのだが、夫人は決してその場に同席しない。しないが、話が聞こえる頃《ころ》良《よ》い場所にいて他の用事をしていた。そして夫君の記憶が定かでない箇所などを後日、完璧に補足してくれたのだ。梨《り》園《えん》の家は夫人の役割が重要である。失礼な言い方かもしれないが、高《こう》麗《らい》屋《や》さんはあの夫人でもっていると言っても過言ではないと私は思っている。

緒形氏のマネージャーは若い女性だったが、彼女もなかなかの人だった。やはり氏に私が取材している時、同席はせず、しかし話が聞こえる場所でパソコンを打っていた。やがて三度目の取材ともなると、「私はちょっと用事で他へ行ってきますので、よろしくお願いします」と私に言い置いて、取材場所を離れた。何かこちらを信頼してくれた気がして、嬉しかったのを覚えている。彼女が作った緒形氏のホームページはめったにお目にかかれない素晴らしいものだった。

取材の内容は把握しておかねばならないが、本人の側にべったり付いて口出ししたり、発言を阻止するようなことはしない。これは簡単そうでいて、できるマネージャーは少ない。

概して女優より男優のほうが意地悪くなく、鷹揚《おうよう》な人が多かったというのが私の経験値だが、例外はあった。

あるきわめて有名なベテラン男優に取材した時だった。場所は都内のホテルで、私が勤めていた出版社がその俳優の自宅まで迎えのハイヤーを向けた。私はその時、すでに会社を退職してフリーランスの立場で取材と記事を担当していたので、取材現場には社員である若い男性編集者が同行していた。

約束の時刻少し前、ホテルの玄関で私たちはその俳優の到着を待っていた。ハイヤーが着いた。俳優は妻を伴っていた。私たちが挨拶すると、いきなり彼は声を荒らげて、私の横にいる若い男性編集者に向かって言ったのだ、「運転手に『○○（自分の名前）だ』と言ったのに、通じてないじゃないか！　お前が自分で迎えに来い！」、そして持っていた帽子でその若い編集者を叩いた。

私は「こんな人じゃないかと思っていたが、やっぱりそうだったか」と、別に驚きもしなかったが、気の毒なのは叩かれた男性編集者で、そのまま固まってしまい、ついに取材が終わるまで一言も発しなかった。まだ若く、芸能人の横暴など慣れていなかったのだろう。

取材が始まって二十分もすると、俳優の妻が言った、

「つまらない質問ばかりね。もっと演技についてとか大事なことを訊きなさいよ」

「もちろんお仕事のことは伺いたいのですが、すでにお送りした見本でご存じの通り、ここはその方の家の遍歴を柱にしてお話を伺うページなので、どうしても事実関係を確認させていただく必要があるんです」

俳優の妻の言動を見て、話の通じぬ人物だと思ったので、私はあえて冷静に応えた。

すると俳優のほうがニヤッとして言った、

「あんた、俺を映画会社に引き抜いたやり手の女に似てるな」

ああ、そうかい。心の中で応えて、私はインタビューを続けた。

少しするとまた妻が口を開いた、

「今回は家の話じゃなく、特別なページにしてよ」

どこまでも話のわからぬ女だと思ったが、会社に依頼された仕事なので、椅子を蹴って帰るわけにもいかず、再び冷静に私は答えた、

「それは無理なんです。毎回このテーマでいろいろな方にお出ましいただいていますので、〇〇（その俳優）さんの回だけ別の企画というわけにはいかないんです」

「あなたが別の企画にしてよ」

と、なおも妻。

「私など雇われライターですので、そんな権限はまったくありませんし、彼も同じです」

と、訊かれる前に隣のショゲている男性編集者の分もついでに応えた。

私の質問にほとんど実のある回答をせぬまま、一応取材は終わった。

俳優と妻をハイヤーに乗せて送り出したあと、私は男性編集者に言った、

「気の毒だったね。でもあんな人いっぱいいるのよ。自分を何様《なにさま》と勘違いしてる俳優。ただね、これから仕事をしていくあなたみたいな若い編集者を痛めつけた態度は許せない。私は軽蔑する。もしあなたが編集長か社長だったら、絶対あんな帽子で叩くような真似はしなかったでしょうよ。ただの弱い者いじめだよ。それとね、たぶん、いや十中八九、私がまとめた記事をあの奥さんは承服しない。全部書き直してくると思う。その時は、記事から私の名前を外してね」

そしてそれは、その通りになった。

女優でも、もちろん連れ無しに取材場所に来る人はいる。だが一人で来りゃぁいいってもんでもない。

ある女優は、たぶん世間は大女優と呼ぶのかもしれないが、二時間という約束を関係ない世間話をたくさん盛り込んで五時間も喋り、私が途中で三回も「今日は貴重なお話を伺いましてありがとうございました」と締めようとしても、話をやめない。そして驚いたのは、その五時間の間に、三回も四十を過ぎた息子から携帯に電話が入ったことである。「なぁに？　ママ、今取材中なのよ」で終わればいいのに、続けてグダグダ相手になっている。二度目は「だからママ、今取材を受けてるの。洗濯物を取りには行けないわ。云々かんぬん」。何？　洗濯物？　そんなくだらないことで電話してきたのか。私は呆れたが、その電話がもう一度来たのだ。「無理よ、洗濯物は取りに行けないわ。云々かんぬん」といちいち答える女優。四十も過ぎてそんな用事のために母親が取材を受けている最中に電話してくる息子も息子だが、いちいち答えているその女優も女優である。息子はその後、ある犯罪で逮捕された。

ようやく取材を終えた私が次の現場に飛んで行きたい気持ちを抑えながら、「それではホテルの玄関にハイヤーが……」と別れを告げようとすると、「トイレに行きたいわぁ」。

あの長い話の途中で行けばよかったじゃないか、とは言えないので、その女優がトイレから出てくるのを待ち、もう一度「あそこの玄関にハイヤーが待機していますから、それに乗ってお帰りください」と言うと、「ええッ、私、一人じゃ乗れないわぁ」。

私は次の取材に遅刻した。相手が心優しい男性アナウンサーだったから救われたが。


女優はそれぞれに愚かである。

皮肉にも、私は高峰秀子という女優に出逢って、そう確信した。

決して時間を超えず、必要十分な内容を提供し、感情を交えず確かな事実のみを語る。人を使わず頼まず、すべて己《おのれ》一人で把握する――。

高峰秀子のような、あの目の覚めるような対応に、私はその後、二度と遭遇することはなかった。

そして女優生活の五十年間、ついに高峰は一度もマネージャーも付き人も持たなかった。

自分のポートレートを飾らない

二十数年前、初めて松山家を訪れた時、部屋に入ってまず私が感じたのは、空気がきれい、ということだった。

家というのは何かしら匂いがあり、住人は気づかなくても、訪れた人は感じるものだ。松山家にはそれがなく、とても清々《すがすが》しかったので、私は思わず深呼吸したくらいだ。そして帰宅後、高峰に送ったお礼のファクシミリに「高原のように爽やかな空気でした」と書いたのを覚えている。

しかも一目見て、余分な物がない、乱れ一つない室内だった。

それらのことがあまりに印象深かったので、最初の訪問の時には気づかなかったが、二度、三度と訪れるうちに、ふと思った。

写真が、ない。

いや、あるにはある。

最初に見つけたのは、応接セットの脇にある飾り棚、高峰と松山が昔パリの骨董市で手に入れたという十九世紀の楽譜立て、その上段に、小さな写真が置いてあった。

二人のウェディング写真だ。

高さ一〇センチ足らずの銅製の、イーゼルの形をした写真立てに入れてある。

その後、少しずつ、見つけた。

寝室の入り口に掛けられた、これも直径一〇センチもない楕円形の額に二人の写真。高峰の鏡台の袖に二人の着物姿の写真。松山の書斎の棚の上に、会食中の二人の写真。

二人の写真。

すべて、夫婦二人だけが映った写真だった。

しかもどれも小さい。

だから一つずつ、松山家に夕食に招ばれて親しくなるにつれて、「あ、ここにこんな写真が」と見つけていった。

つまり人様《ひとさま》に見せるためではなく、自分たち夫婦のために飾っているのだ。だから目立たず、落ち着いた室内に溶け込むようにして、それらの写真は静かだった。

ないのは、高峰一人の写真だ。

ポートレートが、ない。

大女優の家にしては、きわめて異例だ。

少なくとも私が訪れた女優の家は、違った。

玄関、でなければ応接間、どこか目につく所に必ず本人のポートレートが掛けられている。若くて綺麗だった時の姿をパネルにして。

ある女優の家は、二階の応接間に続く階段の踊り場の、まさに正面に、二十代後半だったその人の、いかにも女優らしいポーズと表情をしたポートレートが、大型カレンダーより大きいサイズのパネルにして、掲げられていた。

関所か、ここは。だってそこを通らなければ応接間に行くことができないのだから。

「まぁ、お綺麗ですねぇ。いえ、今もお綺麗ですが」

前に書いた、古い出演作を本人と一緒に観た時と同じ発言をしなければならない。

実際、私は、した。して、「ああ、私はウソをついた」と思った。今はお綺麗でないから。しかし一緒に階段を上がってきた七十歳を過ぎた本人を横にして、「別人のようですね」とは言えない。

おそらく私だけでなく、この場所に行き当たった多くの人が同じセリフを吐いたことだろう。その意味では、踏絵《ふみえ》だ。

一体、何のためにこういうことをするのか。

自慢か？　郷愁か？　あるいは自己愛か？

いずれにしても、自己顕示欲なしにはできない。

そうでなければ、ただ楽しみのためなら、自分以外の人間、ことに訪問者の目につく場所に飾るはずがない。アルバムに収めて一人で眺めればよい。訪問者が足を踏み入れない寝室にでも飾ればいい。

私は、階段を上がったとっつきで、その巨大な写真と対面した時、凄いと思った。こういうことをしてしまうその人の精神に、屈した。

松山家を訪れたのは、その数年後だった。

その家には、人に何かを〝強いる〟空気がなかった。どこまでも自由で、訪ねた者に、「好きにしろ」とでも言っているような、不思議な解放感があった。

女優だったその人のポートレートが一枚もないのも、理由の一つだったかもしれない。

もともと高峰は、写真を撮られるのが好きではなかった。

写真家の秋山庄太郎氏に取材した時、氏が言った、「高峰さんが一番早かった。自分でポーズを決めるんだよ。普通は僕のほうが女優さんに『こうしてください』『ああして』と注文を出してポーズをとってもらうんだけど、高峰さんは自分で『こうでしょ』って。それがまた口惜しいことに、いいんだよね。彼女はとにかく早く済ませてとっとと帰りたいわけ（笑）。あんなに時間がかからなかった女優さんはいませんよ」。

そして高峰は、カメラを向けると、顔が変わった。

プロが構える高性能のカメラの前で厳然として金のとれる〝営業用の顔〟になるのは当然と言えるが、私が向けたパチカメの前でも顔が〝キマった〟。

それもカメラを向けたとたん、瞬時に。

可哀相だと、私は思った。

条件反射なのだ。五歳の時から半世紀以上にわたってカメラに見つめられ続けた人の、それはすでに細胞の一つひとつにまで刻み込まれた習性、あるいはもうほとんど本能にまでなっていると思える、反応だった。

だから高峰の写真には〝うかつな顔〟がない。

私が忘れられない写真がある。

確か、二度目にハワイの松山家を訪れた時だった。

昼間、高峰に買い物に付き合ってもらい、夕方は松山にビーチに連れていってもらって、まもなく夕飯という時だった。

私は寝室の向かいにあるトイレに行った。出てくる時、寝室のチェストが目に入った。

一枚の写真が置かれている。

近寄って見ると、水着姿の若い男女が手をつないで浜辺を歩いている写真だった。

海水パンツに白いシャツを羽織って、そこから厚い胸板がのぞき、いっぱいの笑顔をたたえている男は、若かりし松山善三だった。

だが女は……セパレーツの水着、夏みかんのように大きな胸、化粧っ気のない顔に白い歯を見せて笑っている。

あッと思った。そして一目散に台所に走り込むと、鍋をかき回している高峰に言った、

「誰なの⁉　あの、とうちゃんと手をつないで仲良さそうにしてる女の人は、誰！」

私は怒っていた。

なぜなら、思ったからだ。これは松山の昔の恋人に違いない。許せん。そしてその人は死んだのだ。かあちゃんは優しいから、二人の写真を飾ってあげているのだ。

なぜかそう確信したのだ。

息せき切っている私に、高峰は相変わらず鍋をかきまぜながら、呆れたように言った、

「バカねぇ、私よ」

「！」

本当に、そう言われるまでわからなかった。今考えれば、他の女であるわけがないのだが、その写真を見た瞬間、私にはそれが高峰だという発想は一〇〇パーセント浮かばなかったのだ。

「そうなの……」

拍子抜けしたように、私は言った。

そして今度はゆっくりと寝室に戻って、写真を持ってきた。

「これ、かあちゃんなの……？」

じぃーッと、しばらく凝視して、ようやく、そう言えば似てる。

それほど、その写真の若い女は〝イモねえちゃん〟だったのだ。

高峰にしては少し太った顔で、なんか、あまりにも普通で、無警戒で、天真爛漫で……。

「結婚して初めて二人でハワイに来た時じゃなかったかな。ビーチで、誰が撮ってくれたんだったかなぁ……」

そう言いながら、高峰は食卓のほうに行って、皿やグラスを並べ始めた。

「ふ〜ん」

私はまだ半信半疑で、その写真を見つめたまま、高峰の手伝いもせず、ぼんやり突っ立っていた。

それは、修羅のような半生の果てに、初めて幸せを手にした女優・高峰秀子の、ただ一枚の〝うかつな顔〟だったのかもしれない。

嬉しそうに夫に寄り添う高峰の小さな写真たちが、今も静かに松山家を見守っている。

話が短い

二十年余り記者をした経験から言うと、取材時の、ことに自身の半生を語る時の女優には二つのタイプがある。

上機嫌でよく喋ってくれる人。

不機嫌で口が重い人。

大別すると、このどちらか、あるいはどちらかの傾向にある。

正直に言えば、どちらも厄介だ。

前者の場合はよく喋ってくれるのだから結構なことじゃないかと思われるかもしれない。だがこのタイプの女優は往々にして、話が横道に逸れ、飛び、脈絡を失う率が高く、また思いつくまま気の向くまま未整理の情報をどっと吐き出すので、時制がしょっちゅう前後したり、自分はその人を知っていてもこちらには未知の一般人を唐突に「○○さんが」と次々に固有名詞で登場させるので、話がとっ散らかり、聞いているこちらは大混乱するのである。

だから「上機嫌」なのだ。つまり事前に何を話そうかという準備もしてこず、ブレーキもかけずに自分の好き勝手に喋るのだから、楽で気持ちが良い。即ち上機嫌というわけである。

この傾向を持つ女優は、たとえ見かけが美人女優で売っている人でも、中身はオバサンなので、元来は悪意のない人なのだろうが、仕事で喋っているのだという自覚に欠ける。喋っている相手は友達でも知人でもなく、あくまで記者であり、末は記事になって不特定多数の人に読まれる〝商品〟になるのだということを忘れてしまっている。

オバサンがただでさえ散らかった話の中にテーマとは関係のない世間話や噂話、時には愚痴まで入れ込むので話が長くなる。そこへ持ってきてこちらは混乱した話を何とか整理しようと「それは誰ですか?」「いつ頃の話ですか?」「で、さっきの人はどうしたんですか?」などと質問の数が増えるので、結果、二時間で済む話が四時間、五時間になったりするのである。

一方、後者は、最初から「ふん」という態度でこちらを見下ろし、明らかに喋りたくないという態度をする。

女優でなく女性アナウンサーでこんな人がいた。

ある民放局の、いわゆる女子アナだったが、局の広報を通して「最近腹が立った話」というテーマを了解した上で取材を受けたはずなのに、会うと開口一番、「別に腹が立った話なんかないんですけど」とそっぽを向いた。

それなら最初から取材を断ればいいだろう。

だがもちろん、そうは言えないので、「そうですか。でもちょっと考えていただくと、結構小さなことでも腹が立ったなということは日常であるものですよ。たとえば……」と、懇切丁寧に誘導して、談話をとった。

最近の女子アナは自分を女優かタレントだと思っているらしく、本業のニュース原稿はまともに読めない。先般、ベテランアナウンサーの吉川美代子氏が若い女子アナに苦言を呈したが、まことに立派である。

女優はもちろん後者のタイプが多く、たとえば、ある女優は刊行したばかりの自伝のことも取り上げてくれということで取材を受けてくれた。だから当然彼女の本にも話は及ぶ。その中にイニシャル表記の某映画監督としばらく不倫関係にあったことが書かれていた。なので私は「では、この家にお住まいの頃ですか？　その映画監督と交際されていたのは？」と訊いた。

するとその女優は途端に形相を変えて、

「それと今回のテーマは関係ないでしょ！」と声を荒らげた。

（じゃあ、本に書くなよ、そのイニシャルの監督のことを。家がテーマでも、その時々の家でどんな出来事があったかは関係あるんだよ。送った見本を読んでないのか！）

もちろんこれは私の心の声であり、会社の肩書が付いた名刺を使っている以上、それを言葉に出したり、「じゃ、この取材受けなきゃよかったじゃないの」などとは言えない。

なので「そうですか」と言って、私は取材を続けた。

その女優は不倫相手だった監督が死んだ今でもなお、その時の恨みをテレビのトーク番組で喋っている。いつまでもグジグジと往生際の悪い人だと私は思う。なぜなら、不倫は男女双方ともに責任があると思うからだ。別にレイプされたわけでも攫《さら》われたわけでもなく、男に妻がいることを承知で女も付き合ったのだ。それを後になって「私の青春を返して」だの「あなたは不誠実だ」となじるのは、筋違いではないのか。ましてや名前も出さずイニシャル表記にして、その本人が死んだあとまで延々と自分は被害者なのだと公で喋り続ける女優は、見苦しい。そんな恨み言を言うより、そんな男と付き合った己の愚かさを恨むべきだろう。

おかしかったのは、その女優は高峰を尊敬しているらしく、「もっと年をとったら高峰さんみたいになりたいの。だから今から自分のドレスやなんかをいろんな人にあげてるの」と、言いながら、まだほんの少ししか吸っていない、吸い口にベッタリと真っ赤な口紅をつけた長い煙草を、私の目の前の灰皿にグニュグニュグニュと押しつけて消したことだ。

「煙草の吸い口やコーヒーカップに赤い口紅をつけるのは下品です」

私は高峰のこの言葉を思い出して、心の中で呟いた、

「百万年経っても、あなたは高峰秀子さんにはなれません」

いずれにせよ、タイプが前者であれ後者であれ、共通して言えるのは、つまるところ、女優は自分のことを喋るのが大好きだということである。

不機嫌で口が重い女優も、こちらが相手の出演作を結構観ていることがわかると、徐々に機嫌がよくなり、ましてやその作品における演技を褒めたりすると、木にさえ登る。

そんな時、私は意地の悪いインタビュアーなので、「ほぉ」「なるほど」などと感心したように相槌を打ちながら、心の中では「一人で木から降りてこいよ」と呟いている。

女優が自分のことを語る時、その大半を費やすのが〝自慢〟である。

いかに監督に演技を褒められたか、いかに自分は演技に苦心したか、いかに過去の離婚問題で自分が被害者であったか、いかに他人に対して誠実か、いかに……。

自慢と自己正当化。

客観性と公平さに乏しく、自分に都合のいい解釈で語るうち、しまいに自分の話に酔ってしまって、没我するのである。

人は誰しも自己を肯定したいし、できればよく思われたいと願うものだ。言いたくはないが、私などその最たるものだ。だが自戒を込めて言えば、それらを言わんとして言葉を尽くす様は、いと見苦し。

高峰秀子は、前者と後者、そのどちらでもなかった。

特に上機嫌でもなく、かと言って不機嫌ではなく、多弁ではないが、重要な情報を必要十分に与えてくれた。

しかも情報は、その自宅同様、実に整理整頓され、それらを客観的事実として、わかりやすく、簡潔に、話した。

かつて私は週刊文春で「家の履歴書」という企画ページを担当して、三百人以上の著名人に取材したが、前に書いた通り、こちらがお願いした二時間という時間ピッタリで自身の移り住んだ家と半生を話し終えた人は、高峰秀子ただ一人だった。

その話しぶりは淡々として、時にユーモラス。聴く側の心を惹きつけ、またこちらの反論や質問にも顔色一つ変えず答えた。

今思うと、取材時における高峰の喋り方には、幾つかの特徴がある。

①言葉に無駄がない。

繰り返しや修飾がなく、そのままをこちらが記事にすればよいほど、簡潔に表現する。

②感情的な発言をしない。
どれほど悲惨な事実でも、辛い体験でも、いとも淡々と話し、聴いているこちらが涙ぐむことはあっても、本人は平然としている。
③常にテーマに沿って話す。
訊く側が横道に逸れても、高峰が戻す。
④事前に話すことを頭の中でまとめている。
だから話に混乱がなく、スムーズに取材が進む。
⑤あやふやな数字や固有名詞を挙げない。
⑥「私が」「私は」という発言が少ない。
このうち①と②はいかにも高峰らしく、③④⑤を有する人は他にもいた。

だが最も高峰らしく、高峰にしかない特徴は、最後の⑥である。
⑥は、私の体験から言えば、女優には皆無だ。
そしてそれは、仕方がないことだとも言える。なぜなら、へたに⑥を持っていたら、女優という職業そのものが成り立たないからである。

「私は」「私が」が多い人間は、自己愛が強い。

女優は言ってみれば、その自己愛の海に溺れている生き物だ、と私は思っている。

自己愛が悪いと言うのではない。それに溺れることに問題がある。

高峰は取材に対してだけでなく、日頃から話が短い。寡黙な人だった。

電話は長くて三分。もちろんかかってきた電話に対してであり、高峰からかけることは皆無に近い。

話が短い話題とは違うが、ある取材をした時、高峰の書く文章が「である」調で短文だという話をしたら、高峰が次のように応えた。

「映像の時、私は女。だから女優です。でも実際の作業をする時に、『あら〜』（シナを作って）なんて、とてもやっちゃいられない。例えば、小道具さんの所へ下駄取りに行くね。『恐れ入りますけれど、成瀬組の高峰ですけど、シーン○○の赤い鼻緒の下駄を一つ下さい』、そんなこと言っちゃいられない。『成瀬組、高峰。シーン○○、下駄！』、その方が小道具さんも仕事が早い。そんな風に『てにをは』や枝葉のない言葉でやらないと、女だ男だなんて言ってたんじゃ間に合わないの、あの社会は。そういう男みたいな口ききと言うか、それが身についちゃったのね。

でも、女らしい役の時はそのように演《や》るよ。脚本家が書いた台詞無視して『あぁ、それがどうしたよ』じゃあ、映画にならない（笑）」

どうです？　この高峰の物言い。面白いでしょう。

つまり高峰は、職業上の必要から自分は文章や物言いが短くなったと言う。だがそれなら、世の映画女優は全員高峰のような伝法《でんぽう》な口ききで、文章も会話も短いはずだ。

実際は、違う。その逆だ。

第一、女優は自分で下駄を取りに行ったりしない。付き人や助監督にやらせる。珍しく自分で取りに行けば、高峰がふざけてわざとシナシナと言った、あのような喋り方になる。

私が考える高峰の発言と文章が短い理由は、ひとえに彼女の人間性ゆえだ。

高峰がそれを理由に考えなかった、そこにこそ、「私は」を言わない彼女の人間性と精神性があるのだ。

女優の仕事でも家事でも、高峰は「私」を第一義に考えなかった。

「成瀬組、高峰、シーン○○、下駄！」

ここに〝私としての〟高峰は無い。口にした「高峰」は、記号である。

他の女優が下駄を取りに行ったら口にするであろう自分の名前は、「私が自分でわざわざ取りにきたのよ」を表現するための名乗りである。

これが、決定的に違う点だ。

下駄を取りに行った時、高峰が第一義に考えていたのは、相手のこと。

下駄を探して高峰に渡す、小道具さんのことを考えている。そして撮影という仕事のことを考えている。自分はその中の歯車の一つでしかないと考えている。
だからああいう物言いになるのだ。
今になって思うと、高峰は「無私」の人だった。
広辞苑によると、「無私」とは〈私心のないこと〉。
そしてさらに「私心」を引くと、〈私欲をはかる心〉とあった。

化粧が薄い

「高峰さんはとても化粧が薄いんです」

かなり昔、私は高峰と同い年の女優に、言ったことがある。

すでに多くの女優にインタビューしていた私には高峰の化粧の薄さが単純に珍しかったから言っただけなのだが、それに対してその女優は鼻先で笑うようにして応じた、

「そうじゃないのよ。薄く見えるような化粧をたっぷりしてるのよ」

さらに彼女はこんなことも言った。

「高峰さんは貧乏な助監督と結婚したと思われてるけど、本当は違うのよ。松山（善三）さんは当時から木下（恵介）監督の懐刀《ふところがたな》として知られてたから、出世するのはわかってたの。だから結婚したのよ」

もともと高峰のことが嫌いだったのか、あるいは私の発言を「高峰秀子はお前のように厚化粧じゃない」という嫌味にとったのか、いずれにしても意地悪な女優だと私は思った。

もっともその女優は何十年かぶりで偶然、デパートで高峰に出くわした時、「あなた、まだ飽きずに女優やってるの?」と言われて、ひどく不愉快だったそうだから、その腹い

せもあったのかもしれない。

だがそのデパートでの高峰の発言に悪意はなかったように私には思われる。高峰は私が知る限り、嫌味や皮肉という遠回しな表現はしない人で、いつも率直に物を言っていた。だからその時も、私は一日でも早くやめたかったのにあなたは七十歳過ぎてまだ女優業に飽きないの？　という自分には理解できない気持ちを単純な疑問の形にしたに過ぎないような気がする。ただし、高峰の物言いは時としてストレートなあまり、相手を刺すこともあるのだろう。私はデパートの一件をその女優から聞いた時、思わず「いかにもかあちゃんらしい言い方だ」と心の内で笑ってしまったが。

ともあれ、高峰は化粧が薄いというのは、事実である。

万が一、その女優が言うように「薄く見える化粧をたっぷり」施していたのだとしても、しょせん化粧は〝見せるため〟のものだから、薄く見えたのなら、結構なことだ。

と、私がひどく厚化粧を否定しているように思うかもしれないが、実際、否定している。見ていて、暑苦しいからだ。

ことに年配女性の厚化粧は、不気味だ。

人間は年をとれば細胞が老化する。水分を失った顔にはシワができる。当たり前のことだ。にもかかわらず、シワを隠そうと厚塗りをする。だがシワというのは、顔にできた一種の溝であるから、それを消すというのは至難の技《わざ》だ。シワの周囲が塗り物で盛り上がれば、勢い溝の深さは増す。蠟《ろう》的《てき》化粧品でそこを埋め、何とか平らにするという手法もあるようだが、しょせん、自然に逆らえば、不自然な結末しか招かない。

その点、女優というのは化粧をすることが仕事の一部であり、言わば化粧のプロだ。それでも化粧によってシワを一切隠せるような腕のいいプロはいない。だから整形手術をするのだろう。

私は仕事柄、〝女優慣れ〟しているから、多少の厚化粧には驚かない。だがある時、七十二歳の、昔は美人女優で鳴らした人にインタビューした時は、さすがに驚いた。

まず、顔そのものがハレーションでも起こしたように、まっちろだった。おまけに、真っ赤な口紅が唇からはみ出しているから、面と向かった時、怖かった。

そして思わず想像してしまった。これだけの化粧を落とした時、一体、素顔はどんなことになっているのか……と。

口紅というのはあまり長時間、それも毎日付けていると、もとの唇は本来の色を失い、どす黒くなってしまう。ファンデーションも同じで、とったあとの素肌は土色《つちいろ》と化す。長い時間、皮膚が呼吸できなかったのだから、そうなって当然である。

ましてやその女優は七十二歳だった。それが、これから舞台に出るかのような厚化粧で、目はアイライナーなどという生易《なまやさ》しいものではなく、明らかに舞台用の「目張り」。そして長い髪の毛、おそらく、いや十中八九、白髪を染めているであろう髪を、縦ロールに巻いて、さらに顔以外を描写すれば、贅肉の付いた身体がワンピースを着ているから、細いベルトが太い胴に食い込んで、ボンレスハム状態……その全体像は正視するに痛く、その厚いお面と近距離で二時間向かい合った体験は、忘れようにも忘れられない。

つまり化粧のプロであるべき人が、完全に失敗していたわけである。

女優はもちろん、一般の女性も、それを見た人間に違和感や不自然さ、疑念、恐怖を感じさせない化粧をしたほうがよい。

高峰は化粧が薄い、というより、化粧すること自体が好きでなかった。

本人曰く「ものぐさだから」。

実際、自宅の鏡台や洗面所を見ても、ファンデーションは一つしかない。それも世にも珍しい「薄く見える」魔法のようなファンデーションではなく、普通の。

犬じゃあるまいし、庭に穴でも掘って隠していたのならともかく、家探ししても、もう一つは出てこないだろう。

だから普段はスッピンだった。

くだんの女優に言わせれば、それも「素顔に見えるような化粧をしてるのよ」ということになるのかもしれないが、私はしょっちゅう高峰の顔に触っていたので、証明できる。何も塗っていなかった。

朝起きて顔を洗い、洗面所の鏡の前で、ペチャペチャと化粧水を付けるだけ。

顔だけでなく身体も、表皮が薄い人だった。ことに顔は、肌のきめが細やかで、すべすべしていた。

夕食の時など、私が高峰の頬を撫でて、「かあちゃん、スベスベ」と言うと、今度は高峰が私の頬っぺたを触って、「ガサガサ」。途端に私たちは噴き出して、側にいる松山は呆れ顔になるというのが常だった。ただし一度だけ、「とうちゃんも触ってごらんよ」と私が言うと、「いいよ、僕はもう知ってるから」と松山に切り返され、負けたことがある。何が負けなのかよくわからないが。

しかし厳密に言うと、高峰の顔は、スベスベというより、何か吸い付くような瑞々《みずみず》しい感触をしていた。

生まれつき肌がきれいだったのか、あるいはあの養母が「にきびができちゃいけない」と、幼い高峰に毎日ドクダミを煎じて飲ませた結果なのか、はたまた私が知る晩年の高峰は睡眠を十二分にとっていたからか、ストレスというものがなかったからか。

実に触って気持ちのいい肌をしていた。

化粧をせず、肌が充分呼吸できていたことも、晩年の高峰の素顔を美しくしていた理由の一つではないかと、今は思う。

私が一般的な厚化粧を否定するのは、先に書いた理由だが、女優の厚化粧を否定するのは、演技力と関係があるからだ。

私の勝手な統計から言うと、化粧の厚い薄いと演技力は比例する。

厚化粧の女優は、たいてい大根である。

演技力の無さを化粧でカバーしようと思っているのか、あるいは自分の演技におおいなる自信があるので、余る力を化粧に回しているのか。

だが、前者だとしたら、女優という仕事を理解していない証拠であり、後者なら、客観性がまったくないことを自ら露呈していることになり、どちらにしても、女優としてはアウトである。

きっちり化粧をして、なおかつ演技力もあるのは岩下志麻さんぐらいだと、私は思っている。それに岩下さんの「鬼畜」(昭和五十三年、野村芳太郎監督)における顔は、化粧っ気がなく、演技同様、見事だった。

高峰が子役や少女時代ではなく、大人になって珍しく長谷川一夫主演の時代物に出たことがある。その作品では、高峰以外に二人の〝大女優〟が出ていた。作品の時代と内容に合わせて、メイクさんは三人の女優に、「〇番」という黒めのドーランを指定したそうだ。

だがその指定を守ったのは高峰だけで、他の二人は指定より何番も明るいドーランを塗り、メイクさんがいくら注意しても結局それで押し通したという。

高峰が私に言った、

「だからスチールなんか見ると、長谷川さんはいつものように白塗りの美男子、その上、二人の女優も顔が真っ白で、おまけにつけ睫毛に目張りだから、四人揃ったスチールは、私だけ黒いコケシみたいなの（笑）」

この話を聞いて以来、その作品を観るたびに「黒いコケシ」というフレーズが浮かんで、私は可笑しくて仕方なかった。

だがそれより、私は中学生の頃、テレビでこの映画を観た時から、解《げ》せないことがあった。監督をはじめ共演者も、まさに〝長谷川劇団〟と言ってもよいメンバーの中に、なぜ高峰秀子が出ているのかが疑問だったのだ。

後年、本人に訊くと、

「最初は溝口（健二）さんが撮るという話だったから受けたんだけど、いざ京都の撮影所に入ると、なぜか衣笠（貞之助）さんに変わってたの。いまさら断るわけにもいかないから、出たんだけど」

それでようやく謎が解けた。

「新・平家物語　義仲をめぐる三人の女」（昭和三十一年）。

高峰が登場するシーンだけ、別のシリアスな作品のようだと、今でも私には感じられる。

一人だけメイクが時代に忠実で、演技の質が違う。

こういうことを書く時、今の自分の立場が邪魔になるのだが、身内びいきで言うのではなく、物心ついた頃からかなりな数の映画を観てきた人間として、昔からずっと感じていたことである。

そして高峰を知って、確信した。

女優は、スクリーンの中で自分をきれいに見せることが仕事ではなく、役の人間になりきることが使命なのだと。

そのことを、女優・高峰秀子は、厳しい客観性をもって、五十年、貫いた。

化粧とは、客観性の表れである。

美容整形をしなかった

高峰にこんな質問をしたことがある。

「もし、とうちゃん（松山善三）と結婚してなかったら、かあちゃんは今頃どうなってただろうね？」

間髪を入れず高峰は応えた、

「イヤぁなバアさんになってたと思うよ。今でも充分イヤなバアさんだけど（笑）。白粉《おしろい》つけて、あっちこっち顔引っ張って親戚にたかられながら未だに女優をやってたでしょうね」

身震いするほどイヤだという顔を、高峰はした。

「あっちこっち顔引っ張って」とは美容整形のことである。

それで思い出したが、初めて松山家に行った時のことだ。月刊誌の編集長とカメラマンも一緒だった。まもなく高峰の連載が始まるので、その告知も兼ねて同じ号の巻頭グラビアに出てもらうことになったのだ。撮影の準備をしていると、そこへたまたま松山が帰宅したので、カメラマンが「先生も入ってください」と言って、高峰を喜ばせた。何しろ写真を撮られるのは好きではないが、夫とのツーショットなら機嫌がいい人だったから。「この写真、あとで送ってね」と言ったほどだ。二人の写真を撮ったあと、「私も高峰さんと一緒に撮ってほしい」と言うと、「ええ?」とカメラマンは大いに不服そうな顔をしたが、高峰が「おいで、おいで」と台所のカウンター越しに招んでくれたので、並んで撮ってもらうことができた。ただし翌日、出来上がった写真を編集部の自分の席で楽しく見ていたら、数人の同僚が寄ってきて、「これ、合成写真?」だの「右側(私)カットしたほうがいいね」だのさんざんなことを言われたが。

ま、ともかく、撮影が終わったあと応接セットでちょっと雑談をした。きっとまた私が何か言ったのだと思う。

「見せてあげようか?」

そう言って高峰は別室に行くと、すぐに一枚の写真を持ってきた。

「ホラ、これ。六歳くらいかな」

小さな高峰が写っていた。

そこで思わず私は、失礼にも高峰の顔を指差して大声で言ってしまったのだ、

「今とおんなじ顔してるぅ!」

隣の編集長は固まり、高峰は「ブチ」(意味わかるかなぁ)みたいな顔をした。

思えばその頃から私は高峰に無遠慮な口をきいていたのだが、しかしそれほど、幼い高峰の顔は七十歳を過ぎたそれとソックリ同じだったのだ。私は嬉しかった。正直言うと、もしも子供の頃と顔に違う部分があったらどうしよう……他の女優みたいに……。すでに高峰のことが大好きだった私は、内心で少し心配していたのだ。と言うより写真を見て嬉しいと感じたために、そんな心配をしていた自分に気づいたと言ったほうが正確かもしれない。

「どうしようもない童顔」と自分でも高峰は随筆に書いているが、普段はそうでなくても、一度、私が被《かぶ》っていたゴミかごみたいな帽子を「私も被る」とおどけて高峰が両手を胸の前でバッテンにしてポーズをとったのをインスタントカメラで写した時、ジャーッとその場で出てきた写真を見て、笑ってしまったことがある。子役時代の高峰そのものだったからだ。「98年デコ」と私は写真の余白に書いたのを覚えている。そして写真を見た松山が「可愛いね」と言ったのも覚えている。

美容整形をしたら〝わかる〟のだ。

ホクロやイボを取ったのならまだしも、いや、元あったものが大きければそれもわかるが、目、鼻、口、顎……そういうパーツをいじれば、絶対に他人にはわかる。

女優は綺麗になるために美容整形をするのだが、しかし果たして、本当に綺麗になっているのだろうか？

　ある中年の女性歌手にインタビューした時、私はどうしても気になった、彼女の鼻筋が。明らかにプラスチックを入れているからだ。またある女優は、二重瞼の手術をしていたが、ハッキリ言ってうまくいかなかったのだと思う。ものすごく不自然で、私は彼女の顔を正視することができなかった。

　他にも、実際に会わなくてもテレビや雑誌、特にテレビに出ている顔を見ればわかるし、彼女たちの誰一人をも、私は綺麗になったと思ったことはない。一重瞼であっても若い頃のほうが可愛らしかったのに、首や手がシワしわだらけで顔だけシワがないのはすごくアンバランスなのに、と思う。

「手首のここから注射するのよ。手の甲に一番年齢が表れるからね、枯れ枝みたいになって。顎の斜め下から注射でシリコンを入れる人もいる。私も一回それやったことあるけど」

　ある老女優が私に言った。彼女はサバサバした人で、サバサバしすぎて時にその発言が要らぬ騒動を起こすこともあったが、それでも正直な人だから、そんな話をしてくれた。

　だが普通の女優は決して言わない。明らかに誰が見ても昔の顔ではなくなっているのに、「整形手術なんかしてないわよ」と、「した」と言ったタレントを訴えた人さえいる。

　入浴シーンのポスターを男性記者に「豊満な胸ですねぇ」と言われて悦に入っていた、

シリコン胸の老女優、顔のたるみを無くそうと皮膚を上下左右に引っ張ってばかりいるから、しまいに耳たぶがほとんど無くなり、額の生え際が出せなくなってテレビに映る時にはヘアピースを、普段はターバン状の帽子を付けていた老女優も業界では有名だ。

ついでに言うと、女優だけでなく昔の私の職場にも明らかに二重瞼の手術をした女性がいた。皆が知っていたが、誰も表だっては言わなかった。もともと意地悪なことで知られていた女性なので、そんなことを言ったが最後、どんな仕返しをされるかわからない。私でさえ言えなかった、怖くて。

そう言えば、そのものズバリという女性もいた。あだ名が「セイケイちゃん」だったのだから。私がその会社で記者を始めた頃、彼女は四十代だったと思うが、編集部や事務職ではなく、来客と打ち合わせをするホールで他の若い女性社員と一緒に飲み物の注文を取ったり運ぶ仕事をしていた。私は会社に入って初めてその場所で客を待っていた時、「コーヒー、紅茶、緑茶、どれにしますか？」と訊きに来られて、彼女を振り仰いだまま、文字通り目が点になった。後日、女子休憩室で彼女に驚いたという話をすると、あるベテラン女性編集者が「ああ、セイケイちゃんね。でもセイケイちゃんて結構人はいいのよ」となげに言って、「でもあの場所にいるのは問題よねぇ。初めて彼女を見た作家なんか、びっくりして打ち合わせに集中できないし、お客さんの中にはずっと彼女を目で追ってる人もいるのよ（笑）」。

彼女は肝の据わった人だったから笑いながらそう言ったが、正直なところ、彼女の顔を見た人は皆、いわゆるドンびきだった。

美容整形をしたことにドンびくのではない。したことがあからさまにわかるのに本人だけが何事もない風に振る舞っている、そのある種の異様さにドンびくのである。

女優も同じで、誰も「あなた、どこそこを整形したでしょ？」とは決して言わない。言わないが、わかっている。わかっていて心の中でひいている。わかられていることをわかっていないのは、本人だけだ。

それは女優としてノウ・ホープである。なぜなら、客観性がゼロだから。自分が他人の目にどう映っているかわからないというのは、女優として失格である。その証拠に、美容整形をした女優はほぼ全員〝大根〟である。

歌手は違う。失格ではない。顔で勝負をするのではなく、声でする、歌でする。声は整形できない。

ハリウッド女優も違う。彼女らは外国人だ。もともと顔の彫《ほり》が深い。目が裂け、鼻が高い。

日本人は顔が平板《へいばん》なのだ。そこへいきなりプラスチックを入れて鼻筋を通したり、目頭を切って目を大きくしたら、ものすごく不自然なのだ。似合わない。

女優の美容整形は男性のカツラに似ている。気になって相手と話ができない。もし正視できても目が泳ぐ。こちらが整形やカツラに気付いていることを相手に気取られているのではないかという怯え、気取られないようにする緊張……大変な迷惑である。

どうしても美容整形をしたいなら、一〇〇パーセント、誰一人にも気づかれぬようにすべきだ。無理だと思うが。

そんな、年齢に抗《あらが》ったり、顔の気に入らない部分に手を加えるより、演技を磨いて少しでもレベルの高い仕事をするほうが大事だと、なぜ思わないのだろう?

なぜそうしないのか、理由はのちの章でも述べるが、それが女優につきまとう悪しき属性であり、高峰が女優を嫌う理由でもある。

年齢を多くサバよむ

「サバ」とは「鯖」であり、「鯖をよむ」は広辞苑では――〈鯖を数えるのに、急いで数をよみ、その際、数をごまかすことが多いところからという。得をしようと数をごまかす〉――とある。

普通、「サバをよむ」と聞いて真っ先に連想するのは、年齢のことだろう。それも若くサバをよむ。四十歳の人が三十七歳、三十歳の人が二十八歳と偽ったり……。

もしかしたら読者の中にも、歳をサバよんだ経験を持つ人がいるかもしれない。

面白いのは、年齢を少なくサバよむ人は、決まって女性だということ。それもほぼ一〇〇パーセントが〝若く〟偽り、〝多く〟サバよむのは、せいぜい怪しげな仕事をする時に未成年者が法律にふれぬよう十八や二十歳と偽ったりするくらいだ。

だいたいにおいて、女は年齢を隠す。

本の著者紹介の欄でも、生年がなく、出身地や学歴から始まっている女性執筆者がいるが、なぜそんなことをするのか私には理解できないし、何か姑息な感じがして仕方ない。

だが女の中でも、女優ほど歳をごまかす人種はいない。

週刊誌の記者をしていた時、一ページに三人の著名人が上中下段に登場して近況や最近の仕事を談話で紹介する欄があり、私も何人かの同僚と担当していた。上段は幾らか字数が多いので三人のうちで最もベテランや大物を載せるべく上司が指示する。その時、私が取材した人はいわゆる大女優だったので、上段を与えられた。

このページは昔から、本文に記載する登場人物の名前の下に必ず（　）付で年齢を記すことになっていた。たとえば鈴木花子（35）というふうに。

私が取材した女優は七十歳だったので、私は（70）と書いた。そしていつものように、記事にする前に本人に内容を確認してもらうため、原稿をファクシミリで送った。

驚いた。内容にはまったく訂正がなく、あったのは年齢。（70）を消せと言ってきた。言ってきたのは側近。こういう場合、決して自分では言ってこないのも女優の特徴だ。

「でもここは登場してくださる全員の方が年齢を記載することになっているので、他のお二方の年齢が出ているのに○○さんだけ年齢がないと、逆に目立って、読者が不信感を抱きますよ」、私は言った。だが彼女の側近は、どうしても年齢を書くな、本人の要望だからと、譲らない。

仕方がないので、上司に判断を仰ぎ、その女優だけ年齢なしで記事にした。その欄が始まって数十年、後にも先にもそんなゴリ押しをしたのは、その女優だけだ。

彼女は高峰の後輩である。映画会社に入った時、まだセーラー服姿で撮影所の高峰の控室に挨拶に来たそうだ。

だから、私は高峰に言った、

「かあちゃん、〇〇さんにはがっかりしたよ。どうしても年齢を出すなって言うんだ。何だかいやらしいよね」

すると高峰が一言、

「誰もあの人を三十だとは思ってないのにね」

私は噴き出した。

この時、高峰七十七歳。

また、取材の途中で年齢を〝サバよんで〟いたことがわかった女性も二人いる。

「ハハハ、実は歳をごまかしてたのよ。勲章もらった時にバレちゃった。今回は本当の生年を書いていいよ」、その老女優は豪快に笑った。いい人だなと思った。

もう一人は女流作家。

「で、昭和十八年に女学校を卒業され……あれ？　先生、これですと、後の出来事と時制が合わないのですが……」、私が言うと、女流作家はバツの悪そうな顔で黙ったあと、覚悟したように、「ごめん。嘘ついてたの。ホントは五つ上」、そう言って苦笑いした。「いいんですよ。でも今回はどうしますか？　何でしたらこれまでの先生のご経歴に合わせて書くこともできますが」と私。すると女流作家は、「いいわよ、もう。本当の年齢で。これ以上ごまかすの、めんどくさくなっちゃった」。そして一緒に笑った。

この二人などは可愛らしいものだ。生年を六つもサバよみ、それに合わせてどこまでも世間に対する自分の経歴を塗り替えている女優に比べれば。

そして当の高峰だが、これがまた、あろうことか年齢を〝多く〟サバよむのだ。

「もう私も七十五ですからね、書くのはしんどいのよ」

そう言う高峰に、私は思わず、

「違う、違う。かあちゃんは七十三だよ」

またある時はさらりと、

「私も八十ですからね」

これを言った時、高峰は七十六歳だった。

「もぉ、そんなことばっかり言ってぇ。四つも多くサバよむ女優なんて聞いたことないよ」

私は呆れて、言った。

昔、徳川夢声が随筆にこんなことを書いた。

撮影所の昼休み、徳川や高峰、後輩女優たちがそろそろ食堂に行こうということになり、高峰が「お婆さんは先に行くわね」、そう言って一人で食堂に向かったそうだ。他の女優は二十歳前後。高峰は二十六歳だった。

その時の高峰を評して、徳川はこう書いている、「ああ利口じゃ、気の毒だ」。

また、高峰が三十歳で、一歳年下の松山善三と結婚する時、松山に言ったそうだ、

「今は、私は人気スターとやらで映画会社がたくさんお金をくれます。くれるものは有難く頂いて、二人で使っちゃいましょう。でも女優なんてすぐに年をとります。私が単なるお婆さんになったら、その時はあなたが養ってください」

高峰は知っていたのだ、女優という生き物の儚《はかな》さを。

若くて美しく、周りがチヤホヤしてくれるのはほんの一時期。その花火のような、一瞬の華やかさに幻惑され、女優はいつまでもその得意絶頂を求めてあくせくする。その愚かさを高峰は、五歳の時から見てきた。なぜ当たり前に年をとることを受け入れない。どうして自分の歳相応の役を演らないのだ。若さと美しさにしがみつかねばならないような世界はイヤだ。そう思っていたのではないだろうか。

女の虚栄が常につきまとう女優という仕事を、高峰は嫌っていた。

こんなことを言ったこともある。

「早く四十になりたい。若い頃、いつもそう思ってた」

なぜそう考えたのか、高峰に理由を訊かなかったことを悔やむ。

女優だったからそう思ったのか、あるいは、女優をしていなくてもそう思ったのか。

だが推測すれば、「若い頃」という言葉がヒントになる。

「若い頃」ということは、まだ高峰が結婚していない時だ。とすると、結婚しなければ女優をやめられないと考えていた人なので、その理屈でいくと、おそらく高峰が考えていたことは、四十にもなれば仕事もなくなり、ずっと自分に寄生してきた親類たちも利用価値なしと自分から離れていくだろう、そして誘惑もなくなる。そういうことだったのではないか。

そしてもう一つ。これがもっと重要なことなのだが、高峰が「早く四十になりたい」と考えた理由は、先の徳川の発言と関係があるのではないかと考える。

「ああ利口じゃ、気の毒だ」

なぜ徳川がそう言ったか？

高峰の幼い頃から共演してきたあの知恵者は、高峰を理解していたのだ。

つまり、高峰秀子には人間がわかっている、わかり過ぎているということを。

高峰は五歳の時から大人の世界に放り込まれた。それも映画界という、生き馬の目を抜くような、魑魅魍魎《ちみもうりょう》の跋扈《ばっこ》する世界で、色と欲のために右往左往する数多《あまた》の大人たちの有様を、幼い眼でじっと見続けてきた。人間の裏も表も醜さも、並の子供ならわからないことが、高峰にはわかってしまった。その彼女が成長する様を見ていて、鋭い徳川は思ったのだ、「このコは普通と違う」。

あまりにも早く老成してしまった子供。

だから徳川は「利口」に「気の毒」を付けたのだ。

わからなくていいことまでわかってしまう不幸を、高峰の上に見たのだ。

そして高峰自身もまた、言ってみれば、内容と年齢が合っていない、年不相応にあらゆることが見えてしまう自分という人間の居心地の悪さを無意識に感じて、だから「早く四十になりたい」と考えたのではないか。

普通なら年相応の自分になりたいと考えるところを、彼女は自分相応の年になりたいと。

晩年の高峰は、歳を多くサバよむだけでなく、知人から来た手紙の返事に、

「もう半病人です」

「死に死にです」

「寝たきりです」

などとハガキに書いていた。

だからよく私は人から「高峰さんはご病気だそうですね」「ハワイで療養されていると

か」と言われ、返事に困ったものだ。

そんなことを書いた高峰の最大の願いが、私にはわかる。世間から忘れてほしかったのだ、自分の存在そのものを。

高峰が歳を若くサバよんだのは生涯でただ一度だけだ。

すでに小学生だったが、養母とバスに乗る時、「五歳」と偽り、タダでバスに乗っていた、その時だけだ。

「あの頃は貧乏でね。私は小柄だったから、ウソついてもバレなかったの。そうすれば、デブ（養母）も少しはお金が助かるでしょ」

その笑顔が、私には哀しかった。

主演女優なのに演技力がある

ということは、裏を返せば、いわゆる主演女優と呼ばれる人々は演技力がない。平たく言えば〝大根〟が多いということであり、少なくとも私は昔からそう思っている。非難しているのではない。

事実、そうなってしまう傾向があるということを言っているのだ。

なぜか――。

黒澤明監督は次のような発言をしている。

「カメラにとって一番邪魔なものは、自意識なんだよ」

凄い言葉である。

一言で演技の真髄を語っている。

高峰秀子は言った、

「俳優というのは、常に自分の中にもう一人の自分を持っていなければならない」

一見すると、黒澤と正反対のことを言っているように思えるが、実は同じことを言っている。

自意識、自己意識とは、読んで字のごとく、自分自身を意識することであり、最近は「自意識過剰」と、「過剰」とセットで使われてばかりいるので良い印象がなくなったが、実はきわめて大切な、特に俳優には重要な言葉なのだ。

あえて悪い翻訳をすれば、「私が、私が」ばっかり考えることだ。

演技なら、作為の極致。

それを黒澤は邪魔だと言い、高峰は厳しい客観性を持って完全に自己を客体化せよと言っている。つまり二人は、カメラの前では自己を、あるいは自我を消せと言っているのである。

高峰は「熱演」や「力演」を嫌った。

そこには客観性がなく、あるのは没我と自己陶酔のみだからだ。

この客観性に乏しい人が、主演女優には多い。

なぜそのような傾向になるのか?

それは日本映画の、というより映画の特質かもしれない。

日本映画は昔から「主役は美人でなければならない」と、明文化こそされていないが、暗黙の了解だった。

悪いことではない。観る側にしたって、金を払って大きなスクリーンでわざわざブスを観るより美人を観るほうがいいに決まっている。

会社面接だって、例えば、能力や学歴などがほぼ同じで、片や美人、片や不細工。どっちの女性を採用する？

あらゆる条件が同じなら、美人のほうを選ぶだろう。そうでないとは言わせない。事実、そうなのだから。

会社の受付にあえてブスを置くか？

日本という国は未だに、官尊民卑と並んで、この悪しき伝統、女は若くて綺麗に限るという男尊女卑に根差した考えが蔓延している。

だからテレビの女性アナウンサーが番組に出るのはせいぜい三十代初めまでで、半ばも過ぎれば顔出ししない声だけの仕事や管理職などに回される。それがイヤなら実力をつけてフリーで活躍するしかない。航空機の客室乗務員もしかり。日本の航空会社で五十代、六十代の客室乗務員など見たことがない。だが海外の航空会社では年配の女性客室乗務員がザラにいて、つい先日乗った海外便にも、六十代どころか明らかに七十代とおぼしき女性が客室乗務員を務めていた。食事のメニューを聞きに来たり、映画映像の乱れを直しに来たりと、たびたび私の席に来てくれたが、実に頼もしい、責任感のあるベテランだった。

というわけで、前回も書いたように、日本の女は自分の歳を隠す。

で、女優だが、昔から日本映画の主演女優は一〇〇パーセントに近く〝美人女優〟が務めてきた。

だが問題は、美人であることそのものではない。美人だと〝本人が思っている〟、それが大きな問題となる。

自分を美人だと思っている女優は、必ず、絶対、自分をスクリーンの中で美しく見せようとする。

もはや演じている役柄などどうでもよくて、女優である自分を前面に押し出してくる。

そこにあるのは、黒澤が邪魔だと言った「自意識」であり、高峰が必要だと言った「客観性」の欠如である。

しかし、大根の美人主演女優が必要ないと言うのではない。映画は商品なのだから、客が入ってなんぼであり、映画会社も演技力などより金が稼げる女優を大事にする。商業活動としては当然と言える。

そしてまた観客も、演技力よりも可愛い、綺麗を重視したアイドルとしての主演女優を見たがる人が多い。

なので顔だけの人形のような女優は消えてしまえなどとは言わない。ただ〝人間を演じる〟職業人としては失格だと、私は思う。

職業には使命というものがある。

八百屋さんが新鮮な野菜をリーズナブルな価格で消費者に提供する。大工さんが腕一本で暴風雨にもびくともしない家を建てる。教師が生徒一人ひとりに学ぶことの貴さや喜びを教える……などなど。

それと同じように、女優は与えられた役柄の人物になりきることが使命なのだ。スクリーンの中でストーリーと関係のない、ブロマイドのような作り笑顔を見せることが使命ではない。

だから私は女優の本分を果たさない押絵羽子板のごとき女優は尊敬できないし、嫌いだ。彼女らには仕事への尊敬が感じられない。

そして実際、美人女優は、幾つになっても「綺麗に映る」ことに全精力を注入する。七十を過ぎても、いや、だからこそ、彼女らはますます化粧に時間をかけ、その上でテレビのトーク番組などに出る時は必ず〝女優ライト〟を要求する。

顔の下から物凄い光量のライトを当てて、何とかシワやたるみを隠そうとするのだが、あまりの明るさに、顔が真っ白にハレーションを起こして、平べったいテルテル坊主の如き現象を起こしているのを、彼女らは知っているのだろうか。

本末転倒も甚だしい。

もちろん高峰だって、演技力など関係なく可愛い「デコちゃんを観たい」、綺麗な「高峰秀子を観たい」という多くの観客に支えられてきたはずだ。

しかしそれは観客側の考えであって、高峰自身はそれに迎合することなく、あくまで役柄の人物をいかに演じるかに腐心した。

高峰が三十八歳の時に主演した「放浪記」（昭和三十年）。成瀬巳喜男監督の名作だが、公開後、批評家たちにこき下ろされたそうだ。

「林芙美子に似ていない」「なんであんな不細工なメイクをするのだ」……と。

高峰は映画雑誌に反論を書いた。「映画はそっくりショーではありません」と。

芙美子の寡夫だけが絶賛したそうだ。

「あなたが演じた芙美子は、まさに芙美子そのものだった。生きていたら、芙美子自身が一番喜んだでしょう」と。

「浮雲」の幸子、「二十四の瞳」の大石先生、「女が階段を上る時」（昭和三十五年、成瀬巳喜男監督）のバーのマダム、「笛吹川」（昭和三十五年、木下恵介監督）の老婆、「恍惚の人」（昭和四十八年、豊田四郎監督）のボケた舅を世話する嫁……。

高峰は「美しく映りたい」とは一度も考えなかった。

「二十七歳の看護婦」、脚本にはそれだけしか書かれていなくても、その看護婦はこんな部屋に住んで、家賃は幾らで、窓には何色のカーテンをかけていて、休みの日にはこんなことをして、親はこんな人で、何県の出身で……そしてその看護婦の性格、考えていたことは何か？　などなど。そんな台本に書かれていないことを俳優が自分で考えるのは当たり前のことだと、かつて私に語った。

役柄の人物を理解し、なりきること。それだけを考えて女優を続けた。

少女スターだった時期は、映画会社や観客の要求に応えてアイドルとしての笑顔を見せていたこともあるが、その時期のそれが自分の使命だったからだ。

二十代を超えた高峰の映画で、一度でも彼女がスクリーンの中で、意味のない笑顔をこちらに向けているものがあっただろうか？

世間は高峰を「美人女優だ」と思っているだろう。だが私は、高峰本人にも言ったが、彼女を「美人女優」だとは思っていない。「美しい人だ」と思っていた。

顔の造作だけで言えば、高峰より綺麗で整った女優は日本にもたくさんいる。ちなみに私は久慈あさみという女優の顔立ちが好きだったので、高峰にもそう言ったことがある。

外国で言えばビビアン・リーなどは、まさに完璧な黄金律に基づく造作をした美人だった。「美人」とは、眉毛・目・鼻・口の造りと大きさと配置、それ以外の余地を埋めている額・こめかみ・頬・顎の形と広さと高低、そしてそれらすべてを統合した時、まさに絵に描いたように整っている人のことだ。要は、見た目、外見を指す。従って、人柄や教養や知性など、人間性は含まれていない。

私が高峰を「美しい人」だと思っているのは、「美人」の条件にカウントされないその項目、人間性をして、そう感じたのだ。

そしてもし人が高峰を美人だと思ったとしても、高峰自身は、自分を美人だとはまったく思っていなかった。

「何もかもが丸くてどうしようもない童顔」

と随筆に書いている。

わざとそう書いただけで、実際は自分を美人だと思ってるんだよ、そう思う人もいるかもしれない。だが二十年余り、おそらく夫の松山善三に次いで、多くの時間を高峰と過ごした私には、彼女が自分を美人だと思っていなかったと断言できる。

なぜなら、恐ろしいことに、自分を少しでも美人だと思っている女は、必ず、態度や言葉の端々《はしばし》にそれが出るからだ。

男にはわからない。女にはわかる。

なぜなら、女とは、そういう生き物だからである。

トロフィーを捨てた

故・渥美清は、自身の映画賞のトロフィーなど一切を、業界とはまったく関係のない市井の人物に差し上げたと聞く。ああ、やっぱりそういう方だったのだと、私は一層、渥美清という俳優が好きになった。

氏は私生活を公開せず、自宅の場所さえ明かしたくなかったのだろう、知人が車で送ってくれても自宅から離れた所で車を下りたそうだ。

「品のある方だったんでしょうね」、映画監督の山田洋次氏にインタビューした時、私は訊いた。

「本当にその通りです」、監督は大きく頷き、渥美との思い出を語ってくれた。

こういう生き方をした俳優は少ない。

だが、生きているうちに映画賞のトロフィーをすべて、誰かに譲るでもなく、あろうことか捨ててしまったのは、映画界広しと言えど、女優・高峰秀子ただ一人だろう。

初めて私が高峰に長いインタビューをした時、今からもう四半世紀も前だが、高峰はそのことを語った。

「えッ！　捨てた⁉　んですか？」

私は仰天した。

「でも捨てたって書かないでね、申し訳ないから。処分したって書いて」

高峰は言った。

私が「燃えないゴミの日に出したんですか？」と訊くと、「その頃は燃える燃えないって区別はなかったから」と答えたのだから、やはり捨てたのだ。

「もったいないですねぇ……」

私が心底《しんそこ》そう言うと、

「あなた、欲しかった？　だってどうする？　あんな龍がのたくったようなもの」

龍がのたくった……って……。

私はバカみたいに口を開けていたと思うが、つまり海外の映画賞のトロフィーにはそのようなデザインのものもあったのだ。

「三階の屋根裏部屋に置いてあったんだけど、重みで二階の天井がしなってきちゃったのよぉ」

夫の松山善三が受けたトロフィーも合わせると二百本近くあったのだから、そりゃあ天井だってしなるだろう。

だが天井がしなろうが龍がのたくっていようが、普通は捨てない。絶対に捨てない。捨てるどころか、応接間など人の目につくところに、どうだと言わんばかりに飾る。実際、私が取材で訪問した何人かの女優や歌手は、応接間や事務所、要は来客を招く部屋に必ず飾っていた。

なぜ飾るか？

自慢と虚栄心からだ。

いや別に、飾るのが悪いとは言わない。私だって飾るだろう。ただし飾るほど受賞していればの話だが。自分の努力の証《あかし》なのだから、飾っておきたいと思うのは当然だ。自慢したいのが普通の神経だ。

しかし高峰は屋根裏部屋に置いていた。

高峰が、変わっているのだ。

彼女はあらゆる点で特異だった。

このトロフィーの件など、典型である。

だが、私はそこが好きなのだ。

普通はこうする、一般的にはこう考える、世間は、多くの人は……という、誰だかわからない不特定多数の人が行っている慣習、即ち〝外の尺度〟を目安にしない。

すべてのことを、自分自身の尺度で測る。そして決断実行する。

それはひとえに、高峰秀子という人が揺るぎない自身の基準を持っていたゆえであり、そこには、行きたくても学校に行けなかったという本来は不幸な過去の事実が大きく影響している。だがその不幸は、高峰自身がそれなら社会を学校として出逢う人間すべてを先生として生きてゆくのだと決めた十四歳の時から、険しい道ではあったが、結果的にきわめて個性的な価値観を育て上げ、彼女ならではの幸福な〝尺度〟となって完成していったと言える。

「どんな教育をすれば、高峰さんのような人間ができるんだろう……?」

かつて作家・司馬遼太郎がつくづくと高峰の顔を見ながら言ったこの言葉も、そのことを物語っている。

彼女は決して映画賞をないがしろにしたわけではない。物を大事にしないのでもない。

「賞は、貰った瞬間から過去のものです」

私に言ったこの言葉に彼女の考え方が表れている。

「賞を貰う頃には、もう私は次の作品の撮影に入っていたから、終わった作品の映画賞を愛《め》でてる時間なんてなかったしね」

一見、忙しさを理由にしているように思えるが、次の仕事に入っていようがいまいが、高峰は先の言葉を放っていたはずだ。

高峰にとって、賞を貰うことより、一つの映画作品に全力を尽くすことのほうが重要だったからであり、「出来上がったものをどう思うか、それは観る人の自由です」という言葉も、トロフィーを捨てたことに通じる。

私を含む多くの人間は、「イヤなことを忘れる」ために、あるいは「今からでは取り返しがつかない」時に、仕方なく過去を忘れようとしたり振り返るまいとするが、高峰の特異さは、思いを過去に残さぬところにある。後悔や未練はもちろんだが、懐かしさという感傷さえ抱かなかったように思う。

今現在に十全を尽くしていれば、次の瞬間からその現在だったものが過去になってゆくのだから、後悔すべき過去が形成されるはずがないという、過去・現在・未来を区切るのではなく、それらがひと続きになっている考え方をしていたように、私には思われる。

だから高峰は、一つひとつの行いが丁寧だった。慎重だった。万全の準備をした。その上で最大の努力をしたから、思いは残らない。

ある意味で、非常に合理的であり、また宇宙の摂理にかなった生き方である。

今になって高峰の日常を思い出すと、私はそのことを強く感じる。たとえ彼女の現役女優時代を知らなくても、過去の彼女を知らなくても、自分の目の前にいる高峰を見ていれば、わかるのだ。それほど高峰は、一貫して変わらない人だった。

料理の下ごしらえと準備をする、味をつける、仕上げる、器に盛る、食卓に並べる、そして夫と食事をしたあと、器を下げる、洗う、戸棚にしまう。

たとえばこれら三度の食事について高峰が行う行為を見ていても、私には彼女の生き方がわかった。

ぞんざいな振る舞いをしないのだ。

「かあちゃんは結婚して五十年、皿一枚割ったことがないよ」

と言った松山の言葉。

「緊張してたら太りません」

と言い切った高峰の発言。

前者の言葉が失敗しないという結果を、後者の言葉が「緊張してたら」という原因を表している。

高峰にとって、カメラの前で演技することも、日常の家事をすることも〝同じ〟だったのだ。自分がすべきことという意味で、同じ重みを持っていた。

女優は好きでなかったが、夫のために料理を作ることは好きだったという、根っこは黒と白ほど違うが、ついでに言えば原稿執筆はおそらく中間の灰色だったろう、だがそのどれも、高峰自身が一旦「やる」と決めたことでは同じであり、実際に行う時には嫌いを言い訳にせず、好きだといって過剰にならず、ごく公平に最善を尽くしたのだと私には思われる。

このことは一見単純で簡単に思えるが、できる人はきわめて少ない。物事、単純なことほど難しいものだ。複雑さは、人をめくらまし、やった気にさせる。その意味で、高峰秀子という人は、実に明快簡潔な人だった。

女優を引退してもはや取材や撮影のために三つも応接間があった邸宅は要らない。お手伝いさんも必要ない。老夫婦二人だけで小さな家に住めばよい。だから豪邸をぶっ壊して、今の家に建て替えた。容れ物が小さくなれば中身も少なくせねばならない。だから家財も骨董も十分の一に減らした。

トロフィーはそのうちの一項目に過ぎない。

ビジネスライクで合理的、古い世代の人でありながら、高峰はそういう人だった。

だがなかなかこれができないのが人の常だ。老齢であろうが中年であろうが、そして若かろうが、大量の所有物を捨てたり、せっかくの立派な豪邸を壊したりは、できない。未練がブレーキをかけるから。

この二百本に近いトロフィーを、ためらいなく捨てた行動は、高峰が行った多くの〝人生の店じまい〟のほんの一部でありながら、しかし女優・高峰秀子の真髄を示している。

本当に大切なものは何か――。

高峰が私たちに問うている。

落ちぶれなかった

女優にとって何が怖いと言って、これほど恐ろしいことはないだろう。

落ちぶれる――。

もちろん芸能界以外の、一般社会で生きている〝堅気《かたぎ》〟の人間にとっても、これは恐怖だ。

一般の人が堅気なら、女優はその反対の〝水《みず》商売〟である。

広辞苑によれば、堅気とは〈まじめな職業（主に芸娼妓・ばくちうちなどに対していう）〉。同じく、水商売とは〈客の人気によって成り立ってゆく、収入の不確かな商売の俗称。待合《まちあい》・貸座敷・料理店・バー・キャバレーの類〉。

が、これはあくまで辞書的言葉の定義であって、実際は堅気の人間が皆、真面目で女優が不真面目、などということはない。

現に堅気の典型である公務員がかなり不真面目どころか悪質なことをしている。国が潰れぬ限り給料を貰える安定した立場でありながら、彼らの不正や手抜きによって、彼らを税金で養っている我々がどれほど迷惑をこうむっているか。

だが〈客の人気〉に左右され、〈収入が不確かな商売〉という点では確かに女優は水商売である。

つまり、居眠りをしていても毎月決まった金が貰える職業と、いくら懸命に働いても明日の保証はないという、仕事の内容が違うだけで、真面目不真面目は職種ではなく、あくまでその職業に就いた個人の心根《こころね》の問題なのだ。

その意味では、音楽、絵画、文章などに携わる〝一匹狼〟は完全なる水商売であり、細々と文章を書いて生活している私もこの類《たぐい》に入る。

どちらの類にも長短はあり、例えば公務員は一生食いっぱぐれがない代わりに窮屈な組織の中で自分の先はすぐに見えてくる。一方、水商売は、いつ路上生活者になるかわからぬ危機をはらんで、その代わり自由で気楽、そして〝一発当てる〟可能性がある。

要は、鎖に繋がれた安定か、一《いち》か八《ばち》かの丁半博打《ちようはんばくち》か。

ただしこの博打、いい目が出れば天国だが、裏目に出た時は、文字通りの地獄。おまけにいい目が出る確率はきわめて低い。

その天国と地獄が一番わかりやすいのも女優や俳優である。なぜなら彼らは仕事柄、その顔が世間に知られているからだ。

「落ちぶれる」とは、〈身分や生活状態が下がって、みじめになる〉と辞書にはある。

確かに女優もそうだろう。が、それを防ぐ方法はある。「あんなことまでして」「あんな役まで演って」と世間からとやかく言われることを気にしなければ、収入を得る方法はいくらでもある。それによって〈生活状態〉を下げずにいることはできる。「女優が落ちぶれる」の本当の意は、〝仕事を選べなくなる〟ことだ。

高峰五歳のデビュー作「母」（昭和四年、野村芳亭監督）。この作品で高峰の母親役を演じた川田芳子という女優がいた。今から九十年近く昔の古い話である。

川田は、日本の女優第一号と言われた栗島すみ子より、もちろん田中絹代よりも先輩で、彼女らに先んじて人気を得た松竹蒲田の大幹部女優だった。だが映画が無声映画からトーキー（発声映画）になると、言葉の訛りがひどかったのか急速に人気が落ちて、四十歳の声を聞くと、松竹蒲田映画から姿を消し、戦後の昭和二十四年に松竹大船映画でカムバックするも失敗。その後のことは、キネマ旬報社刊『日本映画俳優全集・女優編』を引用する。

〈それからのちは娘時代にとった左褄を再びとったり、熱海の温泉旅館の女中までしたといわれるが、老後は、1949年に松竹を去ったあと（当時の松竹）社長・城戸四郎からおくられる月二万円余の特別手当てを生活費に細々と暮らし、養女をもらったが69年夏に死なれ、以後、埼玉県草加市高砂一九−二九のアパート草園荘でひとり暮らし。70年3月24

日の夕方、訪れた管理人によって六畳一間の自室のふとんの中で冷たくなっているのを発見された。死因は急性心臓麻痺と推定された。（中略）行年七十四歳。日本映画の草分け女優として華々しく登場し、温和なタイプの美貌で悲劇スターとして松竹映画に君臨した大女優の最期としては、あまりにも寂しい末路であった〉

この記述に胸を刺され、私は高峰に伝えた。

高峰は一言だけ言った、

「女優の末路なんてみじめなもんです」

その時の高峰の、ぞっとするほど冷たい面差し——。

彼女は女優という職業の宿命をいやというほど知っていた。その刹那的、泡沫のようなはかなさ。そして一瞬の輝きと人に見られる恍惚を生涯、取り憑かれたように追い求めながら、老い朽ちていく哀れさ。その数多《あまた》の姿を高峰は五歳の時からじっと見続けてきた。

非社交的な自身の性格を自覚した十代の頃から「私は女優に向いていない」と痛感したが、十数人の血縁の生活を担わされた身では、やめることを許されなかった。

そこで高峰が考えたことは、

「やめられないなら、せめてエログロ・ドンパチのない、家族で見られる映画だけに出よう」

そして、

「三十歳になってもしいい人がいたら結婚しよう。そして六十歳までその人に尽くして、その時まだ自分が元気なら、その後は自分のために時間を使いたい」

高峰は水商売から〝足を洗いたかった〟のである。

ほぼ一〇〇パーセントの女優が「好きでやっている」中で、一日でも早くやめたいと思っていた高峰のこの想いこそが、彼女を常に「選ぶ側」に立たせた。

「選ぶ側」、即ち「売り手市場」であり続けるためには実力と人気と実績が必須である。だが高峰はそれをめざしたわけではなく、「やるからには全力で」という己一人の心に誓った思いが、結果として積み上げさせたものだ。

「女優を続けたい」「誰よりもいい作品に出たい」「映画賞をもらいたい」「人に忘れられたくない」……これら多くの女優が持つ〝欲望〟が、高峰にはなかった。

欲望のある人間は弱い。他者から目の前にニンジンをぶら下げられる。それが欲しさに、走ってしまうのだ。欲望は人質にされ、最後は〝買い叩かれる〟。

二十六歳で映画会社を離れ、フリーになって以降、高峰は仕事のオファーがあると、自ら脚本を読んで出演の可否を決めた。そして五十五歳以降は、二度と映画に出なかった。

「破れ太鼓」「醜聞　スキャンダル」「女ひとり大地を行く」「夫婦善哉」「怪談」……「お

葬式」「大誘拐」……そして「わが母の記」。

これらは高峰が出演依頼を断った作品の一部である。

木下恵介、黒澤明、豊田四郎、小林正樹、伊丹十三……。巨匠、名匠と呼ばれる監督からのオファーを次々に断った。

「断ることも能力です」

「自分から出たいと言ったことは一度もありません」

それが高峰の女優人生だった。

執筆についても同じだった。その晩年、私は高峰が電話口で原稿や取材依頼を断る姿を何度も見た。

「ダメです」「イヤです」「お断りします」、いつもこの三言だった。

それでも二十六冊の著作を遺した。

「女優も書くことも、自分から望んでやったことではない」

彼女が自ら望んでしたことは生涯でただ一つ。松山善三との結婚だった。

お高く止まっていたのではない。「深い穴の底でじっとしていたい」という自身の理想を目指したのだ。

五歳の時から人に見られ、追いかけられ、騒がれ、噂された長い歳月に耐えて、ようやく七十代の半ばを過ぎて、その理想に近づけたのだ。

「高峰さんは小さなお家《うち》に移られたそうですね？」、ある女優がまるで同情するように、それこそ落ちぶれて気の毒にと言わんばかりに、私に訊いたことがある。面倒臭いから、

「移ったのではなく、家を小さくしたんです」とだけ答えたが、応接間が三つもある豪邸を億単位の金をかけてぶち壊した高峰の精神など、その女優にはわかるまい。ましてや家財を十分の一にしてまで老夫婦二人だけの静かな生活を求めた高峰の気持ちなど、理解の外だろう。

ほっといてくれ。

高峰とは、そういう人だった。

女優をやめ、執筆をやめ、毎日、好きな読書と夫のために食事を作るだけの生活。

「今が一番幸せ」

晩年、口癖のように、高峰は言っていた。

その面差しの、老いて何と晴れ晴れしく美しかったことか。

死ぬまで〝売り手市場〟であり続けた女優・高峰秀子――。

これほど欲望のない人を、私は知らない。

太らなかった

昔、私がテレビの構成作家の端くれだった頃の話だ。

それは週末の生放送で、毎回、芸能人数名をゲストに招いて様々なトークをするという内容だったが、司会者二人のうち、一人が女優だった。その女優に決めたのは担当ディレクターで、昔、ファンだったらしい。

何回目かの放送のあとだった。そのディレクターが構成会議で、腹立たしそうに言ったのだ。

「〇〇××（その女優）が言いよったんや、『私があなたたちと仲良くしすぎたのね。女優の格っていうものがあるから』て」

番組の収録は東京のスタジオだったが、制作は関西キー局だったので、ディレクターは単身赴任している関西の人だった。

直前のオンエアで、その司会の女優がゲストにちょっと失礼なことを言ったのだ。だが生放送だからカットできない。なのでディレクターは放送が終わったあとでその女優に注意した。それに対して、女優が先の発言をしたのである。

私は端《はな》から彼女を高慢ちきな女優だと思っていたので別に驚きもしなかったが、何しろディレクターはファンだった。だから落胆と幻滅が相まって余計に腹が立ったのだろう。

彼は立腹したまま、次のように続けた。

「だいたい何や、あの体型は。ブクブク肥えやがって。女優やったら、自分が商品やいうことを忘れるなっちゅうんやッ」

これは彼の単なる腹立ちまぎれの捨て台詞のように聞こえるかもしれないが、実は、正論だ。

女は年をとると太る。脂肪がつく人が多い。腹回りだけでなく、背中にも。まるで厚めの着ぐるみを一つ、中には二つ、いや、人によっては三つぐらい着る人だっている。もちろん例外はある。加齢によって瘠せる人もいれば、若い頃の体型を保っている人もいる。めったにいないが。

太ることが悪いと言っているのではない。女優が太ることを、いかがなものかと言っている。

なぜなら、そのディレクターが言った通り、女優にとって、己の容姿は商品だからである。人様《ひとさま》に見ていただいてなんぼの商売だ。それがブクつくというのはプロ意識に欠ける。だから心ある女優は、若さが失せても、時間と金をかけて、体型を維持するのだ。数は少ないが。

私がかつてインタビューしたある往年の女優が、着物を着てある式典に出席した時、帯が〝回し〟に見えた。そして何だか和金《わきん》を正面から見ているようで、私は大いに幻滅し、この人は気位だけは高いが、プロとしての自覚は低いのだなと思ったのを覚えている。

高峰秀子は、数少ない中の、さらに稀有な例である。

何せ金も時間も一切かけず、体型を保っていたのだから。しかもとうの昔に女優を引退しているのにかかわらず。

七十歳を過ぎて、四十年前の自分のウェディングドレスを着てみたら、ピタリと入った人だ。

私など、三年前の洋服でも入らない。

笑っているそこのあなた、笑う資格がありますか？

ともあれ、高峰は体型が変わらなかった。

もちろん肉体は老いていたが、ウェストなどきれいにくびれていた。いつも甘ったれて抱きついていた私は、よく知っている。

そしてある日、くだんの名言を吐いた。

午後、二人で雑談していた時だ。

私が自分の脇腹の肉をつまんで、「この頃、太っちゃって……」と言うと、優雅に煙草を吹かしていた高峰がひと言、言った、

「緊張してたら太りませんッ」

私は絶句した。

言葉とは、何を言うか、より、誰が言うか、である。

もし高峰以外の人間が同じ言葉を言ったとしても、私は「あんたに言われたくない」と思っただけだろう。

言葉の説得力とは、発言する人間の人柄、日頃の行い、さらにはそれまで積み上げた実績に負う。

つまり高峰が、これまで一時期でも太ったり、ましてや発言した段階で少しでもデブっていたら、この言葉は何の説得力も持たない。

「もう女優の仕事もしてないのに、緊張してるの?」

私が聞くと、高峰はこともなげに応えた、

「してますよ。台所仕事なんて緊張してなきゃできません。火を使ったり、包丁を使ったり……」

私が高峰を尊敬するのは、あらかじめ結果を、あるいは結果に、求めないところにある。

「私は仕事だからやっただけです。出来た映画をどう思うか、それは観る人の自由です」

という姿勢で女優業を続け、その結果として、日本映画界最多となる映画賞を受けた。

そして晩年、前回書いたように、そのトロフィーを全部、捨てた。

彼女にとって結果は、極端に言えば、どうでもよいことだったのである。

大事なことは、自分に恥じない仕事、行いを、今現在すること。

太らなかったことも同じだ。

太らないように、体型を保つように、努力したのではない。

毎日をどう生きるか、どんな生活を送るか、それが高峰にとって最も大事なことだったのであり、それが結果として太らなかったという事実を残した、それだけだったと思う。

朝六時に起きると、夫を起こさぬようにそっと雨戸を開けて、洗面所で顔を洗い歯を磨き、髪をとかして身づくろいをする。台所に行って、前の晩にカウンターに用意してあるコーヒーメーカーでコーヒーをたて、夫が食べるリンゴ半分、ヨーグルト、そしてカフェオレを作る。朝食が終わると、後片付けをして、午前中は手紙の返事や礼状書き、時には執筆。やがて支度して、十一時半に昼食。終わると後片付けをして、夕食のしたごしらえをしておき、午後は大好きな読書をする。夕方四時半にもなれば、おもむろに台所に行って本格的に夕食を作り……。

特別な用事が入らない限り、高峰はこれら一日の行いを、五分と違《たが》わず、毎日続けた。儀式のようだった。

三度の食事以外、間食はもちろん、コーヒー一杯口にしない人だった。

それが大女優・高峰秀子の暮らしであり、「今が一番幸せ」と言わしめる日常だった。

だらしない私などから見ればまるで修行僧のようなこの規則正しい毎日を送ることが、そして誰に見られるわけでもない平凡な日常を緊張感をもって過ごすことが、彼女の目的であり生きがいだったのである。

その生活が、太らなかったという結果を生み出した。

私たちは、気がつけば思っているのではないか？　認められたい、評価されたい、褒められたい、報われたい、良く思われたい……と。

高峰は他者の評価を求めなかった。自分で自分を評価した。私は全力を尽くしているか、悔いのない今を送っているか、その自問がもはや思考ではなく、無意識の域に達するほど繰り返されていたと思う。

そしてその己を評価する高峰の眼は、他の誰の眼より、厳しかった。

だがその厳しさを彼女は他者に強いなかった。そうでなければ、私のような怠け者は側にいられなかったはずだ。彼女はごく穏やかに、普通に、粛々として日常を送り、高峰がいる食卓はいつも和やかで笑いがあり、松山と私を幸せな気持ちにしてくれた。

今でも覚えているが、大学時代、私の下宿に泊まった幼馴染みが、朝、身支度をしている私に向かってポツリと言った言葉がある。「斎藤には日常がないね」。

私にはその言葉が妙に衝撃的で、歳月が経つにつれてさらに重みを増し、今でも彼女が発したその時の情景と彼女の発言の一字一句を正確に覚えている。

洗濯とか掃除とか食事とか、そんなものはどうだっていい。それよりも、素晴らしい映画を観たり、優れた書物を読んだり、音楽を聴くほうがずっと大事なことだ。若い頃の私はそう信じていた。

だが四十歳少し前に高峰を知り、彼女の日常を見るようになって、その考えは間違っていたと気づいた。

日常が何より大切なのだ。

たとえそれが些細と思える小さな日常の事柄であっても、常に心を込めて、慎重に行うことは、簡単そうでいて難しい。それらを遂行していく何気ない時間の中で人間の心と肉体は培《つちか》われていく。

小さなことを間違いなく行えない人間には、決して大きなことは行えない。

朝起きてから夜眠るまでの時間は、人間の一生に似ていないか。高峰に出逢ってから、そんなことを考えるようになった。だが、出来の悪い私は考えるだけで、相変わらずデタラメな一日を送っているので、太る。

病気が原因である場合を除いて、太るとは、恐ろしいことに、肉体のみを表しているのではなく、その人間の生き方を表している。

緊張してたら太りません――。

高峰秀子は、女優である前に、人間のプロだった。

自然に引退した

人生の中で、難しいことは様々ある。

中でも〝引き際〟は、その最たるものかもしれない。

そしてその行うに難しい行為にこそ、人の値打ちが表れる。

巷間よく目にし耳にするのが、退職した男性が、いつまでも「私はもとA社の部長だった」「B社で局長を務めていた」だのと喧伝する姿である。現実は引退しているのに、本人の気持ちはまだ〝退《ひ》けていない〟。

だが何が難しいと言って、女優や芸能人の引退ほど難しいものはないだろう。

なぜなら、彼らは世間に顔が知られている。一度知られたものは、知られなかったことにはできない。かと言って煙のように消えることもできず、人生は死ぬまで続くのである。

その中で、もう女優でない自分を、知られてしまった己を、どう後始末するか。

有名であればあるほど、難しい。

女優の引退については幾つかのパターンがある。

結婚して引退する。死ぬまで引退しない。前者は離婚しなければ、後者は老醜を晒すことを気にしなければ、成立する。

問題はこの二つ以外の場合だ。

ある女性歌手が、大晦日の国民的行事とまで言われた歌番組の中で引退を宣言した。司会者が「二分下さい！」などと叫んで、彼女は己の引退を涙ながらに告げた。その時点で番組は中断され、出演していた大勢の同業者たちはただ舞台上にいるしかない。私はテレビを見ながら疑った。他の歌手たちは「個人的なことを、こんな公共の電波を使って、しかも関係ない私たちを待たせておいてまで言うことか！」、そう苦々しく感じなかったのかと。

にもかかわらず、その歌手はいつのまにかまた唄い始めた。

「皆様をお騒がせして引退を宣言しておいて、またぞろ復帰するのはいかにも厚かましいことですが、様々な事情があり、また唄わせていただきたいと思います。どうか皆様、これからもよろしくお願いいたします」ぐらいの挨拶をしてしかるべきではないのか。

人様を騒がせてまで引退を宣言したくせに、知らん顔でまた出てくる芸能人は、世間や客をナメている。有名であることを免罪符だと思っている。

だから山口百恵は見事だ。自身のコンサートという狭い枠の中でファンに引退を告げ、静かにマイクを置いた。以来出てこない。彼女は今後も復帰しないだろう。そこに山口百恵という人の覚悟が見えて、美しい。

次のパターンは〝不自然な〟引退の仕方。

往年の大女優が四十過ぎで突如〝隠れた〟。

隠せば見たい、逃げれば追いかけたくなる。人の常だ。だから彼女は死ぬまで世間やマスコミの興味を引き、その姿を撮ろうとするカメラマンに狙われた。

そしてついに一度だけ、老いた姿を隠し撮りされた。自宅でゴミを出している姿を。

当時私はそれが載った写真誌を見て驚き、高峰に見せた。

「かあちゃん、大変。○××さんが写真に撮られたよ！　かあちゃんも気を付けて」

台所で夕飯の支度をしていた高峰は「へーえ」と私が手にしている写真誌を見た。

そして驚きもせず言ったことが、

「かあちゃんは大丈夫。ちゃんと髪を梳《と》かしてるから」

そこかいッ。

思わず私はコケた。

「そうじゃなくて。髪の毛がくしゃくしゃとかそういうことじゃなく、隠し撮りされたことが問題で……」

高峰はもう聞いておらず、夕飯作りを再開していた。

そこへちょうど松山が書斎から下りてきたので、私は今度こそと、

「とうちゃん、これ見て！　○××さんが隠し撮りされたんだよ。とうちゃんも気をつけないと、そんな半纏姿でゴミを出してるところを撮られたら、私が記者なら（当時本当に記者だったが）『高峰秀子の亭主、ゴミ出しまでやらされて』って見出しつけるよ」

するとこちらも平然と、

「何を言ってるんだ。この半纏は伊志井寛さんに貰った絹の上等なものなんだ」

またそこかいッ。

ったく、この夫婦は……人が隠し撮りされたらと心配してるのに、髪の毛だの半纏の生地だのって……。

私は呆れたのを覚えている。

だが、この高峰と松山の反応で、私はあることに気づいた。

隠し撮りされた女優と高峰との、根本的な違いに、である。

二人は年齢が近く、銀幕の大女優と呼ばれたことや女優をやめたかったという点で似ているかもしれない。

だが大きな違いが一つある。

〝作為〟か〝意志〟か、の違い。

くだんの女優は、本当に心底から引退後の自分をそっとしておいてほしいと願っていたのか?

なぜなら、彼女は〝人の気をひく〟振る舞いをしたからである。

昨日まで映画に出ていた人がある日突如として姿を消し一切の交渉を拒絶すれば、「なぜ?」「何があった?」と詮索するなというほうが無理である。有名とは公であり、本人が望む望まぬにかかわらず、その言動には責任がある。有名とはその責任を背負うことなのだ。

もし彼女が本心から静かな生活を望むなら、当時ファクシミリはなかったから、一枚でいい、各新聞社に手紙を送ればよかった。

理由は「もう疲れた」でも何でもいい。「突然ですが引退いたします。残る人生を静かに送りたいので、どうか皆様、そっとしておいてください。勝手ながらご理解くださいませ」。もちろんそれでマスコミが黙るはずはないが、少なくとも追われる度合いは減ったはずだ。

往年と同じ長いヘアスタイルが白髪になり、ほんの数歩家を出てゴミを出すのにさえ大きなマスクを付けていた、あの異様な姿に象徴されるように、彼女の振る舞いは不自然だった。

その隠れる態度はあまりに頑《かたく》なであり、あまりに〝あえて〟であり、あえてとは作為を意味する。そして作為とは他者を意識することによって起こることだから、当然人の気を引く。

それとも本音は、女優はやめたいが、己を永遠の神秘に包んだまま、いつまでも忘れられたくないと願っていたのか。

高峰は、逃げも隠れもしなかった。

徐々に消えた。

〝引退宣言した〟と言われているが、事実は違う。

あとから考えれば最後の出演作になった「衝動殺人　息子よ」（昭和五十四年、木下恵介監督）の製作発表の時、記者から「映画出演は久しぶりですね？」と訊かれ、「ええ、もうとっくに引退してるつもりでしたから」と答えたひと言が、「高峰秀子　引退宣言」と書かれただけだ。

私にこんなことを言ったことがある。まだ出逢って間もない頃の取材だった。

「ゲーリー・クーパーじゃあるまいし、私程度の女優はいつのまにか消えればいいの」

私はその時、言った、

「高峰さんがそんなことを言うと、嫌味に聞こえますよ」

私程度の女優――。じゃ、他の女優はどんな消え方をすればいいんだと聞こえるほど、高峰は大女優だったからだ。

だがその後、十年、二十年と付き合ううち、この時の発言は嫌味でも何でもなく、高峰の本心だったのだと知った。

高峰の生活を見ていてわかった。

高峰は演技も自然だったが、生き方はさらにシンプルで自然だった。

麻布十番へ買い物に行き、美容院に行き、ホテルで人と会い、打ち合わせに出版社にも出かけた。

有名になってしまった者が、引退後本当に静かな生活を送りたいと願うなら、普通の生活をするのが、唯一最良の方法なのだ。

不自然は弱いが、自然でいることは強い。

高峰の五十五歳での女優引退を早いと言う人もいる。

だが、五歳から働いたのだ。

小学校にも満足に通えず、十数人の血縁を養いながら、しかも自分には向かないと感じ続けた女優業を、五十年間、無遅刻無欠席で通し、三百本以上の映画に出たのだ。

早いと言うのは、酷だ。

高峰が完全に世間との交渉を断ち、家にこもったのは、八十歳になってからだった。死のわずかに六年前。

私に頼んだのは食材の買い出しだけで、それ以外の家事は最後まで自分でやった。

自らが望んで背負ったわけではない〝有名〟という重い荷物を背負ったまま、最も簡潔で困難な引退の形、フェイドアウトを実現した。

自分を忘れてほしい、夫と静かな生活を送りたいという、確固たる〝意志〟があったからできたのだ。

そして何より、高峰自身が自分を、特別な存在ではなく、どこにでもいる普通の人間だと思っていたからこそできた、引退の形である。

目立つのが嫌い

以前、ある年配の女優にインタビューした時のこと。それは冬だったのだが、取材場所に現れた彼女のいでたちに、私は驚いた。コートの襟を立て、そこに顔を埋めるようにして頭には真っ赤なスカーフ、おまけに古いタイプの真っ黒なサングラスをかけていたのだ。

彼女はそそくさと部屋に入ると、後ろ手にドアを閉めた。

誰かに追われてるんですか？　思わず私は訊きそうになった。

だが、私が訊きもしないのに、彼女はコートを脱ぎながら言った、

「目立ちたくないの」

女優というのは不可解な種族で、己が思っていることと逆のことをする。たとえば外に出た時、「あ、○○だわ」などと振り向かれなければひどくガッカリするくせに、いざ気づかれてサインでも求められるととても迷惑そうな顔をしたりする。

右の女優も同じで、言うこととすることとが相反している。目立ちたくない人間が、真っ赤なスカーフと真っ黒なサングラスをするだろうか？　ひところはインテリ女優と呼ばれた彼女だから、それがわからぬとは思えないし、相反した発言をしたのは、単に己をよく

見せたいと思ったからではないのか。つまり目立ちたいなどという浅はかな考えは私にはないのだと。だが本当は人に見られたい欲求を持っているから、それを抑えられなかっただけで、何だか面倒くさいし、見ているこちらが恥ずかしくなった。

もちろん「見られたい」気持ちを前面に押し出す女優もいる。その意味では正直とも言えるが。

かなり昔、あるベテラン女優に、どこへ行ったのか忘れてしまったが、同行を頼まれたことがある。つまり荷物持ち。

代々木だったか渋谷の郊外だったか、とにかく木の多い場所で、そこの横断歩道を渡ろうとした時、青信号が点滅を始めた。結構長い横断歩道だったので、私は渡るのをやめて次の青信号まで待つことにした。ところがその女優は、いつ点滅が終わるかもしれない青信号の横断歩道を、悠々と、いつもより明らかにゆっくりとした足取りで渡っていくではないか。両側には三車線に車が列をなして止まっている。

しかもその時の女優の服装は、太った身体にベビードール。まるで老いたキューピーとしか言いようのない格好だったのだ。

しゃなりしゃなりと花道を練り歩くようにして女優が向こうへ渡り切る前に、信号は赤に変わった。彼女は向こう側から私に「おいでおいで」と手招きするのだ。

大きな荷物を持たされた私は、こちら側でそっぽを向いた。その女優と知り合いだと思われたくなかったから。

今でも覚えているが、その時、横断歩道をあえてゆっくり渡っていくその女優の姿を見て、私は心底から恥ずかしいと感じた。そして映画「サンセット大通り」（一九五〇年、ビリー・ワイルダー監督）のラストシーン、グロリア・スワンソンのあの有名な表情を思い出したものだ。

黒いサングラスの女優を取材してしばらく経った時、そう言えばと思って、高峰に訊いたことがある。

「かあちゃんは、サングラスしないね」

いつものように午後、私たちは松山家の食卓で話をしていた。

高峰はゆったりと煙草を吸いながら応えた、

「しないことはないよ。外に行く時にかけてるアレよ」

「だってアレは眼鏡じゃないの」

私は言った。

高峰は強い近眼だったので、たまにだが、外に出る時、眼鏡をかけることがあった。レンズに薄《う》っすらと藤の色が入った、きれいな眼鏡だった。

「アレが私にとってのサングラスよ。みんなよく黒いサングラスをかけるけど、あれはかえって目立つのよね」

その高峰が言う〝サングラス〟をかけて一緒に近所のイタリアンレストランにお昼を食べに出た時、こんなことがあった。まだ高峰と知り合って間もない頃だった。

松山家の近くの坂道を下りていたら、向こうから坂を上ってくる六十代とおぼしき女性が見えた。

高峰と私がすれ違おうとした時、その女性が高峰に近づいて訊いた、「目黒はどっちに行けばいいですか？」。

目黒？　私は驚いた。

まだ地下鉄南北線や都営大江戸線が通るずっと前のことで、この辺りは「陸の孤島」と呼ばれていた頃である。

「あの、ここは麻布ですから、目黒と言っても……」

私がどう説明したものかと困っていると、元来親切オバサンの高峰はケロリと応えた、

「あそこにバス停があります」

坂の下にあるバス停のことだ。

バス停……って。またこの人も妙なことを言うなぁ。高峰はあのバス停を使ったことも

なければ、第一、どこ行きのバスが止まるのかも知らないのだから。

私が頭を抱えていると、その女性が突如、驚きを抑えた無声音で訊いた、

「た、高峰秀子さんじゃありませんか⁉」

わぁ、困ったことになった、私は思った。

高峰は女性の顔を見たまま、無言。

かと言って、本人でない私が「違います」の「そうです」のと言うわけにもいかず……。

と、いきなり高峰が、

「あそこにバス停がありますから」

それだけ言うと、私と女性を置き去りにして一人でスタスタ坂道を下りていったのだ。

私は慌てて女性に言った、

「あ、あの、あそこの停留所は確か五反田行のバスが止まるはずなので、五反田まで行って、そこから山手線に乗るのが一番早いと思います。少なくともこの坂を上っても目黒には行けませんよ」

そして後も見ないで高峰を追った。

「あんな時、いつもどうするんですか？」

追いついた私は訊いた。

つまり面と向かって「あなたは高峰秀子さんか？」と人に問われた時の対処法だ。

「黙ってるの」

高峰がニヤッと笑った。

確かに薄い色のついた高峰用サングラスは目立たず、だからあの女性も普通のオバサンに尋ねるように道を訊いてきた。だが顔を合わせているうちに、突如相手が女優の高峰秀子だと気づいた。要はしょせん気づかれてしまうのである。

それにしても、最初からならともかく、途中で気づかれるのは変に怖いものだと、私は今でもその光景を鮮明に覚えている。

私を含めて〝普通の人生〟を送ってきた者には実感としてわからないが、五歳から映画に出ていた高峰の生活は、普通でない厄介に満ちていた。

子役の時代は養母が付いて電車で撮影所を往復していたが、十代にもなれば、一人で電車に乗って撮影所に通っていた。外出も一人だったから、十五、六の頃、銀座を歩いていたところ、人だかりになって、その群れに追われた。

駆けて、駆けて、逃げ込んだ店が、たまたま骨董屋だった。

薄暗くて森閑とした店の空気が、人に追われた高峰の心を静め、そして並んでいる焼き物に惹かれた。

それが高峰と骨董との出会いだったそうだ。

人に指差され、振り向かれ、名を呼ばれ、追いかけられる。それを好み、時にはそれがステイタスだと思う人には苦にならないだろうが、そうでない者には苦痛以外の何物でもない。

こちらはまったく知らないのに、不特定多数の人間が自分の顔を知っている。考えてみれば不用心で気味の悪いことである。

高峰が七十代初めの頃にデパートで三十分のトークをした時、私は恐ろしい体験をした。終わって高峰がその場から去ろうとすると、それまで椅子に掛けておとなしくしていた百人以上の聴衆が、まさに牛の暴走となって、高峰をめざして走ってきたのだ。

「サインしてくださーい」「九州から来たんです〜」「一生に一度会いたかったんです〜」……分別のあるべき中高年の人々が、走りながら口々に叫んでいた。

付き添っていた私は小さな高峰を自分の身体でかばうようにしてエレベーターに向かったが、大げさでなく「押しつぶされる」と思った。実際、私は肩をこづかれ、洋服を引っ張られた。

その時、ふと自分の内側にいる高峰の顔を見た。

無だった。

表情がなかったのだ。

苦手だと痛感しながら五歳の時から続けざるを得なかった女優という職業を生きたこの女性は、まるでパブロフの犬のように、こうした場合、〝死ぬ〟のだと私は感じた。

それほど、高峰の眼には、色がなかった。

瞳の色合い一つであらゆる心を表現できる人の、その瞳が死んでいた。

胸を突かれるような衝撃だった。

なのに、エレベーターで貴賓室に招かれお茶を一杯飲んだ高峰は、帰りにそのデパートの地下食料品売り場で買い物をしていくと言ったのだ。

「ダメですよ！　また大変な騒ぎになるッ」

先刻の恐怖が冷めやらぬ私は懸命に止めた。

しかし高峰は微笑みながら言ったものだ、

「大丈夫。今頃、女優の高峰秀子さんは黒塗りのお車でシズシズとお帰りになったと思ってる。売り場ではみんな、並んだ品物しか見てないから大丈夫よ」

高峰の言った通りだった。

薄手の黒いコートを着た高峰が魚の切り身を選んでいても、買い物客たちはそれぞれに眼下の品物を見ていて、誰も高峰に気づかなかった。レジの女性を除いては。

なるほどね。私は人の心理を知り尽くした高峰に感心した。

普通にしていればいいのだ。

それが、心底目立ちたくないと願っている高峰秀子の振る舞いだった。

黒、グレー、ベージュ、すべてが柄のない、地味な単色ばかりの洋服が並んでいる高峰のクローゼット。

今でもクローゼットを開けると、高峰の静かな面差しを思い出す。

人の手を煩わせない

高峰と親しくなった頃、私はこんなことを思った。

この人は、もしあやまって財布をドブに落としてしまったら、誰かに「取って頂戴」と頼むのではなく、黙って自分の手を汚い水に突っ込む人だな。

それほど、私が出逢った女優には「取ってよ」と誰かに頼む、あるいは命令する人が多かった。

もちろん「ドブに財布を落とす」のはあくまで比喩であり、そもそも高峰はそんな鈍臭《どんくさ》いことはしない。

ある女優を取材した時、準備のためにその人の著書を読んだところ、「私はファンからのお手紙には必ずお返事を書くし、お礼の電話も全部、自分でかける」という一文があった。自らそういうことを書くこと自体に興ざめしたが、取材当日その女優に会うと、彼女が「あなたの本を読みたいわぁ。送ってくださらない？　私、自分で本屋さんに行ったりできないから」と。七十も過ぎた女優の媚び笑いを気色悪く感じながら、私には疑問が浮かんだ。

なぜ自分で本屋に行けないのだ？　二歳や三歳の幼児じゃあるまいし。

だがすぐに彼女の言わんとする意味がわかった。「私みたいな有名女優が書店に行くと人が騒ぐでしょ」。あるいは「自分で書店なんか行ったことがないから」という己を特別視した意味。女優によくある自意識過剰と傲慢である。

よほど断ろうかと思ったが、取材の最中だ。気分を害されては話が訊きにくい。「いいですよ」、私は答えて、翌日、彼女に刊行したばかりの拙著を送った。

数日後、取材現場にも来なかったマネージャーから電話が来て、「○○が本をありがとうございましたと言っています」。

電話を切ったあと、私は思わず笑ってしまった。自分で電話をする人じゃなかったのか？　ついでに言えば、いくら名もない物書きでも、一応著者に対しては「本を」ではなく「ご本を」くらいは言うのが常識だ。その意味では、女優とマネージャーは足並みがそろっていたのだろう。

後年、高峰が死んだ時、そのマネージャーは私の携帯電話に留守メッセージを入れた、「○○がお線香をあげに行きたいと言っているので云々」。

私は返事もせず、放っておいた。

前に書いた、高峰がある地方へ講演に招ばれた時、駅で出迎えた先方の人たちが高峰が一人で来たことに驚き、「お一人ですか？　前に○○さんがいらした時は五人お連れになったので、てっきり高峰さんも……」と言ったその「○○さん」とは右の女優である。

だが何もその女優ばかりではなく、女優というものは、たいてい自分では何もしない。「私は演技をするのが仕事だから他のことはしないの」と言わんばかりに、あらゆることを周囲の人間にやらせる。だがそういう女優に限って、演技は大したことがない。

女優に限らず、誰かがその人のために労力を使ってくれるとしたら、それはやる側が自らの意志で、言われなくてもやるのが正当な形で、女優本人が「あれをしろ」「これをしろ」と言わなければならないようでは、その本人はまったく尊敬されていない証拠である。

そしてどんな人物を雇用するか、その人とどのような関係を築くかは、雇用する側の責任が大きい。

昔、私が毎日のように松山家で夕食のご相伴《しょうばん》にあずかっていた頃、松山家に一人の運転手さんがいた。すでに会社勤めを定年退職した男性で、必要な時だけ月に何度かジャガーを運転してくれたTさんという人だ。

ある日の午後、私が松山家を訪れると、ガレージで彼が車を拭いていた。

「いつもここの車がピカピカなのは、Tさんがこうやって丁寧に磨いているからなんですね」

私が言うと、

「いえ、そんな」

Tさんは照れたように微笑んで、作業を続けた。

「ガソリンスタンドなんかでも、やはり丁寧に拭いてもらうんですか?」

単なる興味で私は訊いた。

「いいえ。ガソリンスタンドでは拭いてもらいません。あの雑巾のような布が信用できませんので」

彼はこともなげに応えたが、私はちょっと感動した。松山や高峰に言われたのではなく、自分の手でこの車を拭かないと気が済まないという、彼の几帳面な人柄と仕事への責任感を感じたのだ。

それから一年ばかりのちだったたか、私が麻布十番駅の構内を歩いていると、向こうからこのTさんが来るのが見えた。

「Tさん、こんにちは」

私が声をかけると、先方も挨拶を返してくれたのだが、その時、彼の荷物が目に入った。

「ずいぶん重そうな紙袋ですね……」

私は言った。彼は両手に明らかに持ち重りのする大きな紙袋を下げていたのだ。

「あ、これは奥様の新しいご本です。いつも知り合いや友人に配るので、そこの書店で」

彼はニコニコしながら応えた。

チラッと中を見ると、高峰の新刊が少なくとも一つの袋に二十冊近く入っていた。

そう言えば二、三日前、高峰が「Tさんも一冊貰ってくださる？」と言って、彼に新しく出した本を渡していた。「いつも私にまでありがとうございます」と、彼は押し戴くようにして受け取っていた。だがその後、自分でこれほど大量に買い入れていたとは……。

翌日、私はさっそくこのことを高峰に告げた、「あの人、いい人だね」と。

高峰は穏やかな顔で応えた、

「Tさんってそういう人よ」

それから高峰とTさんがそのことについて話したかどうか私は知らない。だが少なくとも言えることは、私が偶然駅でTさんに遭わなければ、彼は永久に自分の行動を高峰に知られることなく黙って続けていたということである。数年後、Tさんは高齢を理由に松山家を退いたが、実に律儀で誠実な人だったと、今でも懐かしい。

この出来事とあまりに対照的なのでやはり忘れられないのが、Aという女優の運転手さんである。

Aの事務所は自宅の隣にあり、私が用事で事務所に行った時たまたまその運転手さんがいて、帰りに私を車で送ると言ってくれた。彼は自宅から自家用車でAの家まで来ると、自家用車を近くの駐車場に預けて、Aのリンカーンコンチネンタルを運転していた。当時私は世田谷に住んでいたので、彼は自分の車で帰りがてら、私を環七の側で落としてやるということだった。

私が車に乗ると、初めこそどうということのない世間話をしていたが、すぐに彼はAの悪口を言い始めた。きっと誰かに言いたくて仕方がなかったのだろう。どっと吐き出すように喋った悪口の詳細は覚えていないが、次の一言だけは、あまりの衝撃に忘れようにも忘れられない。

「あの人は畳の上じゃ死ねないよ」

Aのことをその運転手はそう言ったのだ。

私は返事ができなかった。そしてここまで嫌悪され恨まれるAという女優の彼に対する処遇はどんなものだったのか、彼もそんな対応をされながらどんな気持ちで二十年もAの運転手をしていたのか……。あの夕暮れ時の環七の出来事は、何とも言えず後味の悪いものだった。

だがAが恨まれていたのは運転手さんだけではなかった。もっと長く、三十年以上Aのもとで住み込みのお手伝いさんをしていた老婆も、私にAのことを「あの女は」という言い方をしたことがある。

たとえ友人知人でなく、金銭が繋ぐ雇用関係であっても、金を払う側と受け取る側の両者の間には一定の信頼関係があることが望ましい。ことに芸能人や女優に雇われている人たちは〝身内〟と言ってもよい存在である。それが完全に崩壊しているAの場合、気の毒だがその中心にいるAという女優自身に大きな責任があると言わざるを得ない。

高峰は独身時代から自宅にお手伝いさんがいたが、結婚後も住み込みで三人、そしてやはり住み込みの運転手さんが一人いた。

お手伝いさんの一人で谷崎（潤一郎）家から来た人は、料理、裁縫、書道に至るまで優れていたそうだが、何しろ美食家の大谷崎のもとにいた人なので、たとえば鯛を一尾買うと、頭から何から落として捨ててしまい、白身の部分しか使わないから、食費が大変だったそうだ。しかも高峰が「今からここで取材を受けるから他でやってくれる？」と言っても、「いいえ、私はここでカーテンを縫っているんです」と言って応接間に居座ったり、高峰に取材に来た編集者に「お宅の雑誌を私に毎月送らないとこれからは高峰に取り次がない」と言ったり、新しく入った若いお手伝いさんを苛めるし……ついに高峰はそのお手伝いさんを谷崎家へ返したそうだ。

だが高峰が自ら〝クビ〟にした人はこの人だけで、他の人たちは若ければ松山家から嫁にいき、またある人は高峰が家を小さくするまで勤め続けた。自分から辞めたのは沖縄から来た若い女性で、当時はまだ東京で豚足《とんそく》やゴーヤが手に入らなかったので、故郷の味が恋しいと泣いてホームシックになり、沖縄に帰ったという。しかし数年後、高峰が沖縄で講演した時、講演が終わると、会場の隅から「奥様〜」と叫びながら、高峰の言い方を借りれば「背中に赤ん坊を括りつけた女の人」が走ってきて、高峰に抱きついて泣き出したという。それはかつてホームシックになって沖縄に帰った女性だった。

だが私はこれらのお手伝いさんを実際には見ていない。見たのは一人だけだ。

今から十五年ほど前、確か土曜日の午後だったと思う。松山と高峰と私が食卓で話をしていると、玄関チャイムが鳴った。

松山に付いて私も玄関に行った。

「旦那様、ご無沙汰しております」

年配の小柄な女性が、松山に丁寧に頭を下げた。

「やぁ、久しぶりですねぇ」

と、松山。

「今日は用事で近くまで来たものですから。ちょうど八百屋さんの店先に旦那様がお好きなイチジクが出ておりましたので。あと、これは奥様に」

女性は紙袋を松山に渡した。

「それはわざわざどうもありがとう。それにしても、あなたは元気で立派だなぁ」

松山は言った。

「いえ、もう私も八十になります」

そう言うと、女性は「どうか奥様によろしくおっしゃってくださいませ」と言って、松山家を離れていった。

それだけのことだった。

それだけのことだったが、私には高峰とその元お手伝いさんだった女性との関係がわかるような気がしたのだ。

人を使うのは難しい。高峰が死んで、やがて松山がもっと老いていくと、ヘルパーさんを雇わざるを得なくなった。当然私が差配せねばならない。延べ十数人のヘルパーさんが出入りしただろうか。明らかに私を「親の脛《すね》をかじっているお嬢ちゃん」と見てタカをくった態度をとる人、必要以上に私を怖がる人、目端《めはし》がきいて調子のよい人……様々いたが、わかったのは、私という人間の器量、その小ささだった。

自分でもわかっていたが、私は人の上には立てない。立ちたくもない。人には分というものがあって、誰かに指示をして気持ちよく働いてもらうことができる人と、それができない人がいるのだ。つまり裁量の問題。

その意味で高峰は、明らかに人の上に立てる人だった。

かつて住み込みのお手伝いさんが三人いた時、彼女らは交代でお休みをとっていたのだが、ある日、一人のお手伝いさんが休日という日、玄関に客が来た。休日のお手伝いさんは頭にカーラーをつけていた。だが玄関の近くにいることだしと思って客に応対した。

客が帰ったあと、高峰は言ったそうだ、

「そんな恰好で玄関に出ないでください。あなたは今日お休みなんだから、他のお手伝いさんを呼べばいいんです」

その頃は女優をしていたので、高峰は三度三度の食事は作れない。だが最初に味付けをしてみせて「このようにしてください」、掃除もやってみせて「このように」と指示したという。

「自分でやらないでおいて、口だけであれせえこうせえと言っても言うことをきいてくれません。まず私がやってみせたら、相手も『女優のくせに結構やるな』と思うからね」

悪戯っぽく笑いながら、高峰はそう言ったことがある。

それこそ電話は必ず自分でかけた。

以前、高峰が脚本を書いた芝居に、一度だけ一緒に仕事をしたフリーの編集者とデザイナーを招待しようと彼らの自宅に電話した。「高峰秀子と申しますが」と言うと、編集者の奥さんが跳び上がって驚いて、帰宅したご主人に「あ、あなた、今日、た、た、高峰秀子さんから電話があったのよ」とアワアワして伝えたという笑い話がある。

だが翻って考えてみれば、それほど、女優というものは自分でじかに電話などかけないのだという認識が広まっているということだ。

代わって電話をかけておけ、手紙の代筆をしろ、何々を買ってこい、どこそこへ行ってこい……私は女優という人種から、良い言い方をすれば頼られ、悪い言い方をすればこき使われた経験が何度もある。付き人でもないのに。

「歳をとって、これから必要になるという時にお手伝いさんにやめてもらったんだから。普通と逆よね」

そう言って高峰は苦笑したことがあるが、三人いた住み込みのお手伝いさんは、松山家を縮小した平成二年、解散した。松山はその時、公務員の退職金を調べて、同額を支払った。

ついでに言えば、くだんの女優A、彼女は例の二十年勤めた運転手さんが辞める時、退職金を値切ったそうだ。「もうその場にいて、私恥ずかしくて恥ずかしくて。だから叔母ちゃん大嫌いよ！」、Aの姪が憤慨していたのを覚えている。

付き人やマネージャーだけでなく、お手伝いさんや運転手さんなど、女優に雇われ、その女優のために働いている人を見れば、その女優の人間性がわかる。

高峰が八十歳を過ぎてから、ますます外出嫌いになった彼女に代わって食材の買い出しをした以外、私は何かを頼まれた記憶がない。

五歳の時から頼る者は己以外にないのだと肝に銘じて生きてきた歳月が強固な自立心を植え付けたからか。あるいは何事も自分でやらないでは気が済まぬ気性だったからか。あるいはまた……。

もっと用事を言いつけてほしかった。もっと役に立ちたかった。

親不孝な私は、今になって、そんなことばかり考えている。

「私」を押し出さない

二十年務めた週刊誌の記者を退職する時、これまで自分は何人の著名人にインタビューしたのだろうと、取材ノートを見ながら数えてみたら、延べ千百十二人だった。そこにテレビの構成をしていた時代とフリーになってからの取材を加えると、千二百人を超える。うち女優は、〝自称〟も含めると三百人ほどか。

その経験で言うと、女優の取材に対する対応はおおよそ三通りに分かれる。

①頑なに取材を受けない人

②取材を受けたのに話したがらない人

③取材を受けて、語ってくれる人

①はなかなか曲者《くせもの》で、その姿勢を徹頭徹尾貫けば、それはその人の主義だから文句を言う筋合いではない。が、曲者なのは、①と見せかけて実は違う場合である。聞き手が大物有名人ならインタビューを受ける。テレビが自分のために特番を組めば、ドキュメンタリーと称して素顔を含めた姿を撮らせたりする。

そういう女優は、己を特別化、希少化しようとしているように思えて、姑息《こそく》だ。「私はよほどのことがない限り話はしないの」という、もったいぶった態度がいやらしい。
②は本当に困る。半生を語る企画だと承知して受けたくせに、「そういうことは話したくない」を連発し、兄弟の数さえ拒否した人もいる。
だが最も厄介なのは、意外にも③のタイプだ。

取材を受けて語ってくれるのだから結構なことじゃないかと思われるかもしれない。確かに多く喋ってくれることは有難い。

だが、〝どう語るか〟である。

自分はいかに映画監督に認められていたか。いかに世間から高く評価されているか。いかに役作りに腐心したか。ここに至るまでいかに苦労したか。いかに……いかに……。

ただの自慢話に終始する。

そして離婚も借金も、過去のマイナス事項はすべて自分に責任はなく、自分ほど気の毒な人間はいないと、かきくどく。

女優に一番多い。

ある女優は、自分が海外から版権を取った舞台であるのにダブルキャストにされて、自分の出演回数が少ないから役作りができず、毎夜枕を濡らし、ついには自殺までしようとしたと言った。ある女優はまだ子役だったにもかかわらず、世界に名高い巨匠と「闘いながら」役作りをしたのだと言った。

ダブルキャストになったもう一人の女優だって出演回数は少ないのではないのか？　もしその巨匠が生きていても、同じことが言えるのか？

自己正当化の話ほど退屈なものはない。記事としても魅力的なものにはならない。むろん自己を正当化したいのは人の常であり、私もそうだ。だがそれは、単に凡愚だ。

高峰秀子は、三つのどのタイプにも当てはまらない。

彼女は①のようなめったなことでは取材を受けない女優のように思われていたが、それはあくまで晩年の話であり、その晩年に私は三十回近くインタビューした。取材を断られた人は、失礼ながら説得の仕方が悪かったとしか思えない。

だが当時私も、高峰が半生を語る週刊誌の企画ページに応じてくれるとは思っていなかった。なぜなら、自分だけのために特番を組むテレビと違って、そのページは毎週入れ替わり立ち代わり著名人が登場する、いわば「ワン・オブ・ゼム」の形だったからである。

しかし高峰はそんなことは一向気にしない人だった。自分を「オンリー・ワン」だとは思っていなかったからだ。

そしてプライベートを語ることをまったく嫌がらない人だった。それは夫・松山善三と幸せな生活を送っていたからではない。

彼女の自伝『わたしの渡世日記』を読めばわかる。私は高峰に出逢うずっと前に初めてこの本を読んだ時、彼女が二十代半ばで妻ある男と泥沼のような関係になっていたという記述を読んで、目を疑った。何もこんなことまで書かなくても……と思う一方で、この人はすごい人だと思った。書くからには嘘やきれいごとは書かない。そういう著者の覚悟が見えて、圧倒された。

その姿勢は、取材に応える時も同じだった。

取材依頼を受けたからには、話す。

なぜかこれも女優に多い傾向だが、彼女たちはたとえば自身の離婚について語る時、大に小に、時には涙まで見せて、別れた相手を非難する。対して男優は、そのほとんどが別れた相手を責めない。「○○さん（元妻）が悪く思われないように書いてください」と言った男優もいた。

そして女優は、取材現場でそのように語っておきながら、仕上げた談話原稿を確認してもらうと、離婚の話は全部カットしてくれと言ってくる。

高峰曰く、

「書かれて困るなら話さなきゃいい」

高峰が異色である最たる点は、語り方である。

それも『渡世日記』に如実だが、きわめて自己を客体化している。ある人物に客観性があるかどうかは、半生を語らせた時、一番わかる。己の過去をどう表現するか。

高峰は私情を挟まない。女優には稀である。

たとえば高峰の養母について。もし私があのような養母を持っていたら、おそらく、いや確実に、養母を語る時、これでもかというほど非難に満ちた言葉を吐くと思う。高峰の兄弟親戚についても同じだ。

――養母が死んでしまえばいいのにと思ったことはないですか？

「死ねばいいと思ったことはないけど、いなくなってくれたらと思ったことはある」

そしてこう言った、

「母は私にとって反面教師だった」

――兄弟や親戚を憎んだことは？

「親兄弟、親戚という言葉を聞いただけで、裸足で逃げ出したくなる」

かつて私が高峰を取材した時のやりとりである。

高峰の言い方は、当時私には信じがたいほど〝ゆるい〟表現に思えて、はがゆかった。

しかし今は、もしそれが〝ゆるい〟としたら、その〝ゆるさ〟はどこから来るのだろうと、考える。

欲が関係していはしないか。

つまり人を憎み恨む、憎悪の念というのは、己が正しいと認められなかったことへの不満と未練、裏返せば、相手に非を認めさせたいという自己正当化への熱望と、強い自己愛の表れ。要は、我欲ではないだろうか。

女優という商売には常に我欲という伴走者が付いてくる。一種の職業病のように思われているが、実は違う。

我欲と自己表現は別物なのだ。

高峰は、常に〝引いた〟人だった。

人に注目されることも見られることも嫌い。できれば人と接触したくない、放っておいてほしい人だった。だから人と争うことも説得することもなく、ただ、避けた。

だが女優という仕事は人に注目されてなんぼであり、決して放っておいてもらえない職種である。だからその職業を彼女は好きになれなかった。できればやめたかったが、養母を筆頭に大勢の血縁が自身の細腕にぶら下がっていたから、やめられなかった。

「スクリーンの中の高峰秀子さんは、私とは別の人です」

この言葉に表れているように、高峰は役の人物に成りきった。それは彼女が考える女優としてやるべき当たり前の作業であり、その職業的目的を達するためのいわば道具が「高峰秀子」という存在だから、役を演じる作業が終わってしまえば、その存在はスクリーンの中に封じ込められ、現実の自分には残っていない。そう思えるほど役に徹し、またそうすることが、最後まで女優を好きになれなかった彼女自身の、せめてもの〝救い〟になったと思える。

高峰の〝引いた〟姿勢は、彼女がつむぐ文章や、語る言葉にもよく表れている。

最近私は、彼女が過去に様々な雑誌で様々な人物と行った対談を書籍にまとめる仕事をしているせいで余計にそう感じるのだが、高峰は、それが誰であれ、対談相手より前には決して出ない。「私は」「私は」という前のめりな姿勢が皆無だ。

さらに決定的だったのは、高峰の百余本の出演作について一作一作聞いていた時、彼女がまったくと言っていいほど、自分のことを語らなかったことである。

監督の撮り方、相手役の様子、愉快なエピソードは語っても、自分はこのようにして役作りをしたなど、一言も語らないのだ。

たまりかねて私が「自分の演技についてはどうですか？」と問うと、

「自然でしたね」

それだけだった。

普通の女優なら、数多の主演女優賞に輝いていなくても、自身の役づくりについてとめどなく語る。

だが実は、高峰は、自身を語っていないわけではないのだ。

自分以外の事柄を語ることによって、自身を語っているのである。

監督、共演者、裏方のスタッフ、撮影中の出来事……。何に注目したか、どんな出来事を記憶にとどめているか。そのチョイスと表現にこそ、高峰秀子の人間性とセンスが表れているのだ。

彼女の随筆も、「私」の心情ではなく、起きた事象を写実している。己を押し出すことなく、的確に己を表現する。表現において最も美しいこのやり方をするのが、高峰秀子という人だった。

欲深な人間に、客観性はない。

二十年に余る歳月を側で過ごしながら、その高峰が死んで八年経とうとする今頃、ようやく私はそのことに思い至った。

子役から大成した　前編

一度ぐらいは耳にしたことがあるのではないだろうか、「子役は大成しない」。

この言葉は昔から映画界や芸能界のジンクスとして今なお伝えられており、今なお事実である。

この言葉を理解するには、「子役」と「大成」の意味を知る必要がある。

「子役」の厳密な年齢範囲は定義されていないが、もう一つのジンクス「子供と動物には（どんな名優も）敵わない」から推せば、遅くとも子役のスタートは、就学前の年齢、公共交通機関で運賃が無料になる年齢、即ち六歳以前に俳優の仕事をする子供を指す。なぜなら、動物と並び称されることでわかるように、両者には作為がないはずだからである。「はず」と書いたのは、中には四つや五つで意識的に〝演技〟をする子役がいるからだ。

だがそんな子役はたいていこましゃくれていて鼻につく。「天才子役」と呼ばれるためには、観客の心を動かすほどの演技をごく〝自然に〟できなければならない。だから高峰秀子は五歳にして「天才子役」と呼ばれた。

しかしそんな子役はめったにいない。従って、子役を使う時は、その辺の普通の子供を使うほうが成功する。ただし監督に選ぶ眼があれば、である。養成所などで訓練した子役は、演技に作為が見えてマニュアル化している場合が多く、陳腐だ。

木下恵介監督も山田洋次監督もその〝眼〟が確かだから、作品が成功した。

高峰が主役の大石先生を演じた「二十四の瞳」の子供たちは全員素人だった。出来は素晴らしかったが、撮影中は木下監督もかなり苦労したようで、高峰が言うには、「木下さんが『はい、みんな前を向いて一列に並んで』って言っても、あっち向いたりこっち向いたり。だから『あんたたち、ちゃんとしなさい！』って、木下さんはいっつも子供たちを叱り飛ばしてた。子供なんだからしょうがないのにねぇ（笑）」。ただし夏休みの宿題を教えてくれる優しい助監督のおニイさん、松山善三には、皆とても懐《なつ》いていたそうだ。

「男はつらいよ」における「満男」が途中で変わったのも、同じ理由だろう。幼児の頃なら、全体の芝居を壊さない限り、ある程度自由に動いて、「おばちゃん」や母親の「さくら」の側で普通の子供がするのと同じ振る舞いをしていればよい。だから素人の子供でよかった。しかし十歳も過ぎると、自意識というものが生まれる。考えて演技をするようになる。そうすると演技力が必要となる。だから、自意識など出さず役に徹することができる吉岡秀隆という優れた子役俳優に変えたのだ。

この「自意識」こそ俳優にとって最も厄介な代物で、巨匠・黒澤明が「カメラの前で一番邪魔なのは（俳優の）自意識だ」と語った所以である。

自意識が丸見えの演技をする俳優は〝大根〟であり、それが子役となると、いとも醜い。〝媚び〟が見える。「私って、僕って、可愛いでしょ」という浅ましい欲。

今「名子役」ともてはやされている子供たちを、久松静児監督「警察日記」（昭和三十年）における五歳の二木てるみや黒澤監督「赤ひげ」（昭和四十年）における八歳の頭師佳孝と見比べれば、名子役とは何かが、わかる。

次に「大成」。これは、日本映画史や芸能史に名を残すまでになることを意味する。

ついでに言えば、「女優」とは、映画や舞台で数多くの名演をした者のことを指し、テレビドラマやバラエティに出たぐらいでは、タレントに過ぎない。現在はマスコミが猫も杓子も「女優」と呼ぶだけのことである。

従って、大成はしたが、エリザベス・テーラーも美空ひばりも〝子役から大成した女優〟には入らない。エリザベス・テーラーが「緑園の天使」（一九四五年、クラレンス・ブラウン監督）でデビューしたのは十二歳の時だから、少女スターであって、子役ではない。美空ひばりは幼い頃から歌を唄って、多くの映画にも主演したが、彼女はあくまで歌手であり、女優ではない。偉大な歌手として芸能史に永遠に名を残す。

子役出身の俳優は大勢いるが、彼らの多くは途中で消えるか、消えなくても映画史芸能史に残るまでには成り得ていない。「子役の時は良かったが……」になる。

では、なぜ子役は大成しないのか。

私は、かつて名子役と呼ばれた俳優の何人かにインタビューしたことがある。その頃彼らはとうに三十歳を過ぎていた。

ある男性はもはや俳優ではなく、自転車で各家庭の電気のメーターを確認して回る仕事をしていた。だが彼は「今でも俳優の仕事がしたい」と言った。そして「この前まで、知り合いのディレクターに遭わないかと期待して、テレビ局の喫茶店に通っていました」と。彼は幼い頃、名子役として人気を集め、中学生ぐらいまでは当時の人気子役の兄役でかろうじて仕事もあったが、十五歳も過ぎると仕事がなくなり、そのくせ父親は息子の名前で金を借りて、その巨額な借財が彼を苦しめた。そのため彼は二十歳を過ぎた頃には経済的に窮して、ついに関西のストリップ劇場で〝本番〟まで演じたそうだ。「小さい頃は周囲からチヤホヤされていい気になっていたんです。ディレクターも親も、大人はみんな僕の言うことを聞いてくれるんだから。僕はレコード店に行くと、『この棚からこの棚まで下さい』なんて買い方をしてましたよ」。

ある女性は、せっかく演技力に恵まれていたのに、無軌道と暴挙暴言だけが有名になり、結局は女優の仕事が来なくなった。またある女性は、人柄はよかったが、幼い頃に人気を集めた頃とは容貌が変わり、私がインタビューした頃にはただの太ったオバさんでしかなく、やがて芸能界から消えた。

彼らに共通する「子役が大成しない」原因が幾つかある。
①親の勘違い。
金を稼いでいるのは幼い我が子なのに、その子の将来も考えず、親が贅沢《ぜいたく》を覚え、果ては借金を抱え、やがて夫婦仲に亀裂が入って、その頃には稼ぎ手だった子供にはもう仕事のオファーがなくなっている。
②本人の勘違い。
先の彼の発言「いい気になっていた」でもわかるように、子役は人気が出れば出るほど〝誤った万能感〟を持つ。自分は特別な人間だ、何をしても許されるという思い込みを持つ。これは周囲の大人にも責任はあるのだが、周囲に流されてしまったのは本人なのだから、やはり本人の責めは大きい。
③〝魔の時〟を超えられない。
これが最大の原因である。

子役が人気を博す理由はまず、誰が見ても思わず「可愛い！」と言ってしまう容姿にある。次は演技力だ。この二つが揃えば向かう所敵なしである。

ところが、当然のように人間は成長する。男の子はニキビ面になって、のど仏が出て声が変わる。女の子も背が伸びて、初潮を迎え胸が膨らむ。人形のように愛らしかった子役が、あっという間にその辺のニイちゃんネエちゃんとなり、やがてオッサンオバサンになる。「まぁ、こんなになっちゃったの？　あんなに可愛らしかったのに……」と観る者は失望する。いくら演技力があっても、どうしても作り手や世間はかつての愛くるしかった容貌が目に焼き付いているから、受け入れがたい。

しかしこれは彼ら自身の責任ではなく、自然の摂理なのだから、ただ酷としか言いようがない。だが、これが子役が背負う宿命なのだ。

観客の失望が始まるのが、子役の十二、三歳。いわゆる思春期の入り口である。この頃、急激に肉体的変化が訪れる。特に顔。別人のようになればまだいい。中途半端に子役の頃の面影を残していると、それが成長した肉体とマッチせず、気持ち悪く映るのだ。

思春期は子役にとって、まさに生死の分かれ目であり、ほぼ一〇〇パーセントの子役がここでダメになる。つまり〝魔の時〟だ。

「ホーム・アローン」（一九九〇年、クリス・コロンバス監督）で世界的な人気を博した名子役マコーレー・カルキンは精神にも魔がさして薬に手を出しダメになった。

だから一旦子役になった者は、そこそこの子役として時を過ごし、長じて大成するほどの演技力をつけるか、あるいは不幸にも名子役になってしまったら、大人になった時点で俳優をやめて別の道を進む。そのどちらかしかないのである。

そしてもう一つの共通点。原因④にするほどではない、単に私が体験した妙な共通点だが。

皆、取材中に物を食うのだ。

私が取材した先の元子役たちはそうだった。取材は普通、食事時を避けて、午後二時か三時に設定する。なのに、食う。ある者は「ビール飲んでもいいですか?」、ある者は高級ホテルのバーの個室であるにもかかわらず「かつ丼が食べたい」。またある者は「何か食べたい」と言った。ダメですと言うわけにもいかず、私はそれぞれが望むようにしたのだが、一体どういう神経だろうと訝《いぶか》った。それほど常に空腹なのか。グチャグチャ物を食べながら取材に応える自分をどう考えているのか。

だが今思えば、彼らは〝そうやって〟子供の頃から仕事をしてきたのかもしれない。

では、高峰秀子の場合は?

子役から大成した　後編

前章で、なぜ子役は大成しないか、私なりに考え得る三つの理由を挙げた。

①親の勘違い

②子役本人の勘違い

③〝魔の時〟を超えられない

では、五歳で子役デビューして五十五歳で引退した高峰秀子の場合はどうだったか？

①について。

高峰は北海道・函館に生まれて、大きな蕎麦屋料亭の娘として両親のもとで何不自由なく暮らしていたが、五歳の誕生日に実母が結核死。葬儀の翌日、かねてから秀子を欲しがっていた実父の妹によって東京へ連れていかれる。映画デビューしたのはそのわずか半年後のことである。従って、「親」に当たるのは養母だ。養父もいたにはいたが、彼は元活弁士でその頃は芸能ブローカーのような仕事をしていて家にはあまり寄りつかず、養母とは初め内縁の関係だったから、通常は母一人子一人の生活だった。

この高峰の養母は、どの子役の親にも追随を許さぬほど〝勘違い〟していた。

だが最初からそうだったわけではない。まず、高峰を映画の子役にしたのは養母ではない。たまさか家に帰っていた養父が、知り合いの大部屋俳優を蒲田の松竹撮影所に訪ねた時、五歳半の秀子をおんぶしていったのがきっかけだった。

高峰曰く「どこにも連れていってくれたことなんかないのに、その日に限って……」。その顔には明らかに無念さが満ちていた。

たまたまおんぶされて行ったら、撮影所の広場で、たまたま映画「母」の子役オーディションをしていて、それがたまたま五歳の女児という条件だった。すると何を思ったか、養父は秀子を背中から下ろして、着飾った六十人ほどの女児の列の最後に、ポンと立たせた。「母」の監督、野村芳亭が秀子を選んだ。

養父が何を思って普段着姿の秀子を並ばせたのか、今となってはわからないが、おそらく深い考えはなかったはずで、ましてやその子が将来、日本映画界を背負って立つほどの大女優になるなど夢にも思っていなかっただろう。

幾つかの〝たまたま〟によって五十年の女優人生が始まってしまったことを、高峰は、

「災難です、災難。大災難！」

臍《ほぞ》をかむような面差《おもざ》しで言い放ったものだ。

当時、松竹の子役の給料は安かったから家計は苦しく、養母は六畳一間のアパートで人

形の着物を縫う内職をしたり、同じアパートに住む大学生の賄《まかない》をして暮らしの足しにした。ここまではむしろ健気《けなげ》な母だったのである。

変わったのは、秀子が十三歳で東宝に引き抜かれてからだ。成瀬巳喜男、山本嘉次郎など多くの監督と、入江たか子、林長二郎（のちの長谷川一夫）など多くの人気俳優とともに、秀子もただ一人の子役として東宝へ引き抜かれた。つまりそれほどすでに人気が出ていたからであるが、移籍の条件として東宝は、松竹の二倍の給料と世田谷区成城の戸建てを提示した。

もちろん養母は一も二もなく承諾したが、高峰は「お世話になった松竹を去るのは……」と悩み、自分を可愛がってくれていた松竹所属の先輩・田中絹代に相談した。「秀子さんとお別れするのは寂しいけれど、それが秀子さんのためになるなら東宝へ行きなさい」、田中の言葉に励まされ、秀子は東宝に自ら条件を出した、「女学校に入れてくれるなら」。それは、撮影が忙しくて小学校に通算一カ月しか通えなかった秀子が、生まれて初めて出した〝要求〟だった。

移籍第一作「良人の貞操」（昭和十二年、山本嘉次郎監督）は大ヒット、秀子は次々に仕事をし、収入も増えた。そして養母が変わった。「金さえありゃあ、團十郎だって買えるんだ」、この言葉に象徴されるように、彼女は金の亡者となり、函館から破産した自身の父親、即ち秀子の祖父を筆頭に、実に十一人の親戚を呼び寄せて、彼らの生活をすべて幼い秀子に負わせたのである。

芸能界広しと言えど、これほど大勢の血縁を幼い頃から養い続けた子役はいないだろう。しかし秀子の養母が犯した最大の罪は、我が子から学ぶ機会を奪ったことである。

「（美空）ひばりさんが羨ましかった。お母さんはひばりさんに家庭教師を付けた。いいお母さんだったと思う」

私が高峰の口から「羨ましい」という言葉を聞いたのは、後にも先にもこの時だけだ。

東宝は約束通り高峰を御茶ノ水の文化学院に入学させたが、撮影が忙しくて月に三日も出席できればよいほうで、ついに二年に進級する時、担任教師から「学校を選ぶか仕事を選ぶか」と迫られ、十四歳の高峰は「学校をやめます」と答えるしかなかった。

子供のことを考える親なら、ひばりさんの母上のように家庭教師を付けるだろう。あるいは仕事の量をセイブすることだってできる。だが高峰の養母は「疲れたろう」「仕事は好きか？」の一言もなく、ただ娘を働かせ、札束で面《つら》を叩くようにして一族郎党に権勢を振るい、娘の向学心を踏みにじった。

養母は秀子の稼ぎが増えると、東宝から与えられた家を出て、豪邸を買い込み七人ものお手伝いさんを雇い、自分のために麻雀部屋を造ってしょっちゅう仲間を呼んでは遊び、秀子にはスパイのお手伝いさんをつけて二十四時間監視、秀子に来る手紙も出す手紙もすべて事前に検閲した。秀子が就寝前のわずかな自由時間に本を読んでいると、「私への当てつけか！」と電燈を消した。高峰が独学しなければ、養母と同じ文盲になっていたはずだ。

「あの人は、私にとって反面教師だった」

高峰秀子の養母とは、そういう人だった。

②はあとにして、③。

東宝へ移籍したことで養母は変貌したが、しかしこの移籍が高峰に〝魔の時〟を超えさせたとも言える。

そこには東宝の方針と、山本嘉次郎監督との出逢いが大きく影響している。

松竹は「女優王国」だったので、稼ぎの中心は美しい女優を主役にしたメロドラマであり、もし高峰がそこに残って思春期を迎えれば、明らかに役どころはヒロインの妹役しかない。現に、松竹の最後に出演した「新道」（昭和十一年、五所平之助監督）と「花籠の歌」（昭和十二年、五所平之助監督）は田中絹代の妹役で、それを観た東宝の社長が「あの子を引き抜いてこい」と、のちに大プロデューサーとなる藤本真澄を使者に立てたのだ。

新興の東宝はメロドラマ中心の松竹に比して、あらゆるジャンルの作品を作った。ミュージカル、家庭劇、恋愛もの、コメディ、ドキュメンタリー……。高峰は移籍第一作となった「良人の貞操」で山本嘉次郎監督と出逢い、十四歳で山本の「綴方教室」（昭和十三年）、十四、十五、十六歳と足かけ三年ごしに撮った山本の「馬」（昭和十六年）に主演して、少女スターの地位を不動のものにする。そして「秀子の車掌さん」（昭和十六年、成瀬巳喜男監督）「秀子の応援団長」（昭和十五年、千葉泰樹監督）と、当時では珍らしい主演少女俳優の名前が冠された作品まで生み出すようになる。

「私は運が良かった」

高峰は言ったが、山本監督に認められるほどの演技力と観客に愛される魅力が彼女にあったからであり、もしそれを「運」と言うなら、その運は高峰自身が引き寄せたのである。

多くの子役が思春期に失望される容貌の変化も、高峰の場合は、愛らしさが清楚と可憐に転じて、観客は失望するどころか「デコちゃん」の愛称で一層彼女を愛した。

だが容貌の変化は本人の意志ではない。高峰が〝魔の時〟を超えられた最大の理由は、彼女自身の考え方にある。

つまり②の点。

月に段ボール何箱ものファンレターが来ようと、多くの大先輩を抜いて人気投票の上位に名を連ねようと、十代の高峰は決して〝いい気〟にならなかった。

汗を流しながら重いライトを運ぶ照明係やトンカチ一つで見事にセットを作ってしまう大道具さんたちを見ながら、「映画が一つの建物なら、監督もスタッフもみんなが平等に一本のクギだ。私も彼らのような一本のクギになりたい」、そう思いながら仕事をした。

そして「女優というものをとってしまったら自分には何もない。そんな人間にはなりたくない」「三十歳になって、もしいい人がいたら結婚して女優をやめたい」、これらの思いも常に高峰の心から消えなかった。

五歳の子役だった頃、男の子の役も演じていたため「秀坊《ひでぼう》」と呼ばれていた高峰は、助監督が「秀坊、出番だよ」と呼びにくると、心の内で思ったそうだ、

「私が金を稼ぐから、そんな猫なで声を出すんだろう」

「おんぶしてってやろう」と助監督が言えば、

「お前の背中には乗っかりたくない」

言葉にこそ出さなかったが、好かぬ助監督には決しておんぶされなかったという。

恐るべき子役である。

函館から養母に連れてこられる列車の中で「今日から私がお前の母さんだよ」と言われて、「違う。私の母さんは昨日死んだ」、幼心にそう強く思った時、芽生えた〝人間不信〟の種——。

容易には人に心を許さない、悪い言葉で言えば猜疑心《さいぎしん》が、高峰にとって、松山善三という人に出逢うまで、己を守る唯一の武器であり、黙ってじっと人間の有様を観察することが、学校へ行けない彼女に残された勉強の場だったのだ。

何が善で何が悪か。何が美しくて、何が醜いか。人に頼らず、自分自身で判断する。

この冷静と客観性、そして猜疑が、②に陥らなかった高峰の所以である。

高峰が死ぬ一年前、私たち三人は映画の裏方さんを顕彰する一般財団法人を設立した。

「どんな名前にするか、かあちゃん考えて」

財団の命名を、ネイミングが上手い高峰に私は頼んだ。

翌日、高峰が言った、

「一本のクギを讃える会って、どう?」

ああ、あの時の……。

私は彼女の自伝『わたしの渡世日記』に記されていた言葉を思い出した。

「私もあの人たちのような一本のクギになりたい」、十三歳の時の思いを、高峰は七十年経っても持ち続けていたのだ。

高峰が逝き、松山も逝った今、「一本のクギを讃える会」は、今春（平成三十年）、七人目の裏方さんを顕彰した。

弱い者の味方だった

週刊誌で働いていた頃、グラビアの担当者がこんなことを言った。

「撮影が始まったら、その女優が言うんですよ、『編集長は来ないの？』って。だから『来ませんが』と答えると、『どうして来ないのよ！』って怒っちゃって……」

つまりその女優は「私ほどの女優が撮らせてやっているのに、編集長が挨拶に来ないなんて失礼じゃないの！」と言いたいのである。

だがこの話は驚くに値せず、私も似たような女優の傲慢は何度も経験している。

たとえば自分の事務所から取材場所まで歩いて三分なのにハイヤーで送迎しろと言った女優。総務にハイヤーの申請書を出したら、ベテランの女性部長が「え、この距離で？」と驚いたものだ。あるいは、三十分足らずの取材だからホテルの喫茶室で待っていたら、来てこちらを一瞥するやいきなり奥の高額料金がかかる個室に入って行った女優。あるいは、約束の時間に行ったら、グラビア撮影でもないのに取材部屋にこもって延々四十分も待たせて化粧した女優。あるいはホテルの部屋のテーブルクロスの色が気に入らないからと支配人を呼びつけてクロスを替えさせた女優。そして私に「たかが契約記者のくせに」

と言った女優……。

彼女たちは心底から己を〝何様〟だと思っている。もちろんすべての女優がそうとは言わない。しかし少なくとも私が取材した女優のほとんどは自分を特別な存在だと信じる言動をした。

だが冒頭のグラビア撮影における一人の女優の発言は、彼女ら女優のもう一つの特徴を表していて興味深い。

それは女優の好物、権力と金。

週刊誌なら編集長、会社なら社長、映画なら監督、プロデューサー……。その組織で決定権を持つ地位にある者を彼女らは好む。

権力はイコール金であり、従って権力のある者に取り入っておけば、自分のために金を使わせて厚遇にあずかることができると考えているのである。

だが彼女らの根本的な誤りは、どのような処遇をするかは、彼女ら自身が要求することではなく、あくまで相手が決めるのだということを理解していない点だ。

私が初めて高峰に長いインタビューをする時、上司が言った「高峰さんなら、ホテル〇〇のスイートをおとりして」。〇〇は都内屈指の一流ホテルで、「高峰さんなら」が、その上司の判断基準を表している。

つまり女優に限らず、相手への処遇は、その人の実績と信用に負うのであり、もし女優自らが「私を大切に扱え」的言動をとるなら、それは自らが、そうやって言わねば自分の価値を認めてもらえていないことを認めることと同じであり、きわめて惨めな、恥ずかしい行為なのだ。

だが高峰は女優らしからぬ人なので、その厚遇たるスイートルームに入った時、「もったいないわねぇ、たった二時間のためにこんな高い部屋を……。私に言ってくれればここの結婚式場の控室を借りられたのに。そこならずっと安いのよ」と言った。

高峰は自分で金を払う時は一流を選ぶが、他者が金を払う時にはできるだけ負担をかけぬよう気遣った。

以上を裏返せば、権力者を好む女優は、その逆の者、つまり権力を持たぬ者には洟《はな》もひっかけぬということである。会社なら平社員、映画界なら裏方さん、出版社なら名刺に地位の肩書がない私のような記者および編集者。そのような者に対しては、彼女らはあからさまな〝上から目線〟で物を言う。

昔あるベテラン俳優がこんなことを言った、

「△△××（女優）と映画に出た時にね、撮影が終わって彼女がセットを出ると、裏方さんたちが来て、みんなして彼女が座ってた椅子を蹴飛ばしたんだよ。僕はびっくりした」

〝上から目線〟の末路である。

「しんどいことは全部下の者にやらせておいて、いい時だけ出てくる上の人間は嫌い」

高峰の言葉だ。

そして彼女は某雑誌の編集長に言った、

「あなたには二度とおめにかかりたくありません」

決定権を行使することは大事だが、どんな仕事でも、現場で汗を流している人間の気持ちを理解しない上司は、無能である。

「デコちゃん、早く帰ってきてください」「寂しいよー」「僕ら待ってるからね」「また一緒に仕事したいです」……。

これは、高峰が二十七歳でパリに〝逃亡〟する際、直前まで撮影していた映画「佐々木小次郎」（昭和二十五年、稲垣浩監督）の裏方さんたちが高峰のために大きな白布に書いてくれた寄せ書きである。

「私は高峰さんの一ファンです。でもとても大きな思い出があります。私は片目の瞼が上らない病気に罹っていたのですが、高峰さんと会う機会があった時、高峰さんが『あなたの目はどうしたの？』と聞くので、『こういう病気なんです。見苦しくてすみません』と言うと、高峰さんはすぐにご主人に相談してお医者様を探してくださり、私は瞼が開くようになりました。今でも恩人だと思っています。どうか高峰さんを大事にしてあげてください」。

私が初めての自著『高峰秀子の捨てられない荷物』を出した時、読者がくださった手紙の一つである。

高峰について書いたために、名もない著者の私に百通以上の手紙が来たが、それらすべてに共通していた言葉は「高峰さんを大事にしてあげてください」。私はこの時、改めて高峰が、五十年の女優人生をどのような姿勢で生きてきたか、知った。

ある俳優は言った、

「俺がまだ台詞もろくになかった頃だけど、松山（善三）さんの映画に出た時、高峰さんが差し入れをもってきてくれたんだ。普通は、メインキャストで食べると思うじゃない。そしたら離れた所にいた俺に高峰さんが声をかけてくれて、『あなたもこっちに来て一緒に食べなさいよ』って。俺、嬉しくてねぇ……」

高峰が書いた脚本が舞台化される時、彼女は車の中でゆで卵を食べながら、自宅から二時間近くかかる稽古場まで毎日通ったのだが、その時のことをある女優が言った、

「お稽古の時、有名な俳優さんたちはみんな、演出家より高峰さんに教えてもらいたいわけ。もちろん高峰さんは丁寧に教えてあげてましたよ。そしたらある日、高峰さんが下足

番役の俳優さんの側に行って、『台詞はなくても、たとえほんの短い時間でも、ここはあなたの場面よ』って、その人に演技指導してあげたの。その下足番役の人が後で言ってたわ、『僕、びっくりしました。あんな大女優が僕みたいな者に声をかけてくれるなんて……』。私、高峰さんって、すごいと思った」

なぜ世間の人は女優やタレントをやたらチヤホヤするのか？　私にはわからない。

もしも女優が尊敬されるとしたら、その演技によっていかに観る人を幸せにしたか、どれほど人に希望を与えたか、励ましたか、感動を与えたか、それに尽きる。

他の職業も同じである。新鮮な食材をリーズナブルな価格で提供し、どんな調理法で食べると美味しいか客に教えられるのが尊敬されるべき八百屋さんであり魚屋さんだ。

私が出逢った多くの女優は、女優を職業とは考えず、女優が人格とでも思っている節があった。当たり前の人間であることを忘れている。

伊東四朗氏がインタビューの時に言った、

「変な人が喜劇役者になるみたいに言う人がいるけど、僕、違うと思うんですよ。変な人が喜劇役者になるんじゃなくて、普通の人が変なことをするのが喜劇役者なんです。だから僕は仕事してない時は、あくまで普通の人でいたい」

心ある人は、こうして聞けば言ってくれるが、自ら声高《こわだか》には言わない。

邪《よこしま》は喧《かまびす》しく、正は寡黙だ。

高峰は、女優として生きてはいなかった。五歳の時から五十年、三百余本の映画に出続けた紛うかたなき女優なのだが、その見方や考え方は、あくまで一人の人間としてのそれだった、いや、そうあれかしと願いながら生きた。

二十数年前、当時はまだ編集部の清掃をする人の中には高齢者がいた。『高峰秀子の捨てられない荷物』がまもなく刊行されるというある日、珍しく朝早く出かけた私が誰もいない編集部の席につくと、明らかに七十代とおぼしき女性が腰をかがめて、私の足元にあるゴミ箱から紙屑を集めてくれた。

「あの……おばさん」

私はその人に話しかけた。

「はい」

その人は身体を起こした。

「おばさん、高峰秀子さんって知ってますか?」

「ええ!　もちろん!」

その時、振り仰いだ顔。

私はその顔を一生忘れない。

シワの刻まれたその顔に、パーッと輝きが射した。
ああ、高峰秀子という女優はこんな市井の人々のために仕事をしてきたんだ。
あの時、老女の顔に満ちたもの、それは紛れもない〝希望〟だった。

特別扱いを嫌った

ある時、テレビのチャンネルを選んでいたら、一人の女優（私はその人を女優とは思っていないが）が浅草を訪ねる番組が映った。私はその人が嫌いだから他局に替えようとした、まさにその時、驚くべきシーンが展開した。

その女優が一軒の扇の専門店に入って「久しぶりねェ」と店主に言うや、一本の扇を取り上げて言ったのだ、「これ、頂戴《ちょうだい》よ」。「いやぁ、それは……」、店主は明らかに困っていた。だが女優はなおも「いいじゃないの、頂戴ね」。そしてガメた。

私は我が目を疑った。

カツアゲか？　たかりか？　いや、泥棒だ。

扇屋の主人と知り合いであろうとなかろうとそんなことは関係ない。なぜ同行していた男性局アナはその女優の蛮行を止めない。生放送ではないのだから、こんな場面は、もし収録してしまったとしてもカットすべきだろう。その上で「○○さん、あれはいけませんよ」とプロデューサーなりディレクターがその女優に厳重注意すべきだ。そうでなければ、この蛮行を局側も認めたことになるとは考えなかったのか。それともこの女優はそういう人間だということをあえて見せたのか？

だが確かにその女優はそういう人間だ。

多くの名作映画に出た大先輩女優に向かって、舞台稽古の時、満座の前で「あんた、何十年女優やってんのよ！」と言い放った人だ。さらに許し難いのは、「あたし、高峰秀子さんと共演したいの。あたし、高峰さんと気が合うと思うのよね」と、こともあろうに私がインタビューしている時に吐いたことだ。

もしもくだんの番組を観たあとだったら、そして「週刊文春記者」という肩書が私の名刺に印刷されていなかったら、私はテーブルに置いてあった水をその面めがけてぶっかけていたと思う。

もちろんこの女優の行いは極端な例だ。しかしそこまではいかなくても、総じて女優というものは、これまでも書いてきたように、〝特別扱いされる〟ことを当然だと思っている。

以前、本を書くために松山善三に話を聞いていた時のことである。

「脚本家としてのデビュー作は、昭和二十九年の映画『荒城の月』（昭和二十九年、枝川弘監督）で、川口松太郎先生の原作でしたね？」

私が確認すると、松山が、

「そう。きっと高峰が川口先生に口添えしてくれたんだろうけど」

と、卓の向かいに掛けていた高峰が、

「してません」

きっぱりと言った。

さらに、これでは足りぬとばかりに、

「そんなこと、絶対してないッ」

高峰は珍しく気色《けしき》ばんでいた。

つまり松山は、高峰が父とも慕う川口にすでに結婚相手として紹介している自分に、川口の小説を脚色させてやってくれないかと口添えしてくれたのであろうと言ったのだ。

高峰の異議申し立てに対して松山は微かに笑みを浮かべていたが、高峰のほうは明らかに機嫌が悪くなりかけていたので、私は割って入った、

「かあちゃんはそういうことしない人だよ。それにデビュー作の出来がよくなければ、次は続かなかったと思うよ」。

「その通りです」

高峰は即座に同意して、ようやく落ち着いた。

思うに、ただでさえ「釣り合わぬ結婚」「三カ月で別れる」とマスコミに噂され、結婚当初は生み出した脚本まで妻の高峰が書いたのではないかと陰口を叩かれた松山に、何と

か劣等感を抱かせないようにと気遣ってきた高峰は、この期《ご》に及んで当人であるあなたまでそんな風に考えていたのかと、それが心外《しんがい》だったのだろう。もっと言えば、「あなたは自分の努力を否定するの？　そして私が裏から手を回すようなことをする人間だと思っていたの⁉」という心境だったのではないか。

わずかな波風《なみかぜ》ではあったが、二人にしては珍しかったので、私はこの光景をよく覚えている。

だが私が言ったことは、何もその波風を収めるためだけでなく、本当に私が思っていたことだった。

まだ私が高峰に一度会うか会わぬかという頃だったが、松山が監督した映画の招待試写状を高峰が送ってくれたことがある。そこには「亭主が作った映画です。観てやってください」と直筆《じきひつ》が添えられていた。

まだ顔も覚えていない記者の私にさえ送ってくれたのだから、高峰の旧知である大勢の記者たちには当然送ったはずだ。その何十枚という試写状に、一枚一枚、そうやって高峰は直筆で書き添えたのである。

また、松山がハワイで長期ロケをして撮った「山河あり」（昭和三十七年）。高峰は主演女優でありながら、毎日、スタッフ全員の食事を作り、他の共演者たちの衣装をホノルル中を走り回って用意し、〝汚し〟をかけ、あるいはアイロンをかけて、彼らのホテルの部屋に届けた。寝るのは毎晩夜中の一時二時、起きるのは早朝。その時のことを高峰は最新随筆集『ダンナの骨壺』（河出書房新社）の中で、次のように記している。

〈しまいには自分がこの映画に出演していることさえ、じゃまくさくなってきて、一人で苦笑したことも、いまはいい思い出になりました〉

また、高峰には珍しく、

〈今考えても、われながら、よくまァ頑張ったものだと思う〉

高峰は夫を〝応援〟はしても、〝えこひいき〟はしなかった。

そのように身内をえこひいきしたり特別扱いをすることをよしとしなかったが、それ以上に高峰は、自分が特別扱いされることを嫌った。

それが象徴されるエピソードがある。

まだ高峰が十三歳、松竹に所属していた頃だ。十三歳と言えば、今なら中学に進学する年齢、当時なら女学校に入る年だ。高峰は学校に行きたくてしかたなかった。勉強がしたくてしかたなかった。だが十数人の血縁にしがみつかれていたため、人気子役として日夜働かざるを得ず、小学校さえ通算して一カ月、女学校など夢のまた夢だった。それでも何とか学校へ行けないものか。

そこで十三歳の高峰が考えたのは、

「宝塚少女歌劇に入ろうか?」

宝塚歌劇なら学科の勉強もできて、舞台に立てば給料も貰える。そこで養母に言ってみると、学科はともかく娘が今まで通り稼いでくれるという点で、養母はいつになく否とは言わず、日頃から高峰を可愛がってくれていた新派の大看板・花柳章太郎に相談した。花柳は「わかった。俺よりもっと詳しい人がいる」と、同じく新派の大女優・水谷八重子に相談した。ところがその水谷が、人もあろうに歌劇学校の校長・小林一三に話を持っていったのだ。

小林は高峰の名前を聞くなり「ぜひうちへ来てほしい。学校はもちろん無試験、デビューの時は役をつける」と言った。

養母は「偉い人だね。親切な人だね。みんながお前を認めてくれたんだよ……」と欣喜雀躍するが、当の高峰は、

〈しかし、私の心は少し違っていた。「また特別扱いを受けるのか?」——私はこれ以上、他人の期待に応えることが苦痛であった〉（高峰著『わたしの渡世日記』より）

ただ相談しただけのつもりが、特別扱いの入学とは。だが本人の気持ちとは関係なく、あれよあれよという間に、高峰の宝塚入りは決まってしまう。

そう、高峰は「宝塚乙女」になるはずだったのだ。

ところがである。

東宝映画の社長が「あのコを引き抜いて来い」と、のちに大プロデューサーとなる、当時まだ青年だった藤本真澄を使者として母娘《おやこ》のもとへ走らせたのだ。東宝は「給料は松竹の二倍の百円。撮影所の側の世田谷区成城に家を用意する」という条件を出した。藤本青年の月給が六十円だったのだから、十三歳の少女に百円と戸建てとは、文字通り破格だった。

「五歳からご飯を食べさせてくれた松竹に申し訳ない」と高峰は考え、一方では小林一三が宝塚歌劇に入れと矢の催促、養母は東宝映画が出した条件に大喜び……。

追い詰められた高峰は、一つの希望を出した。それがかなえられたら東宝へ行こうと。

「女学校に入れてくれるなら」

どこまでも高峰は学校へ行きたかったのだ。

だが実際は松竹時代より人気が出て、女学校には月に二、三日しか出席できず、結局二年の進級を前にクビになる。

話が長くなったが、しかしこれは、高峰の人生において、きわめて重要な分かれ目となったエピソードである。

無試験で宝塚歌劇に入学できて、デビューから役がつく。要は劇団側から「スターにしてやる」と言われているのと同じだ。

あなたなら、どうする？　私なら入るナ。ま、そんなことはともかく。

もし高峰がそれを「ラッキー」と考える人間なら、私はこの文章を書いていない。第一、彼女の人生はまったく変わっていたはずだ。いずれにしても大スターにはなっていただろうが、「生まれ変わってもまた松山と結婚したい」と自らが言った、その男とは決して巡り会っていなかった。

晩年、高峰は私に言ったことがある、

「レストランでもどんなお店でも、当たり前にしてくれる店がいい。でも実際は私が行くと、『お代は結構です』、でなければボる。そんな店が多い」

また特別扱いを受けるのか？――私はこれ以上、他人の期待に応えることが苦痛であった。

特別扱いされることは、イコール大きな責任を担うことである。

高峰秀子は十三歳にしてそのことを知っていたのだ。

人を地位や肩書で見ない　その1

前に、「高峰は弱い者の味方だった」と書いた。だがそれは、弱くさえあればやみくもに味方する、という意味ではない。

あくまで肩書という無機質なもので人間の価値を判断しないという意味であり、強い弱いという立場より、高峰がその人に何を見ていたか、そこが重要なのである。

まだ高峰が、私が勤める出版社で自著を刊行していた頃の出来事だ。

「Aさんはやたらに電話なんかかけてこない。黙ってファクシミリで要件を伝えてきて、本の発売日には都内の主な書店を回って、どんな場所に私の本が置かれているか、一カ月も経てば売れ行きはどうか、きちんきちんと報告してくれる」

この発言でもわかるように、高峰は書籍の担当者Aのもとで機嫌よく仕事をしていた。

が、会社には異動というものがある。

そのAが出版部から主力雑誌の編集部に移り、高峰の書籍担当には替わってBが就いた。

Aは言った、「Bさんは昔から高峰さんの大ファンで、僕が高峰さんと会社のサロンで打ち合わせしてるのを遠くから涎《よだれ》を垂らして見ていたそうです（笑）。だから今回担当になったことをものすごく喜んでましたよ」

大ファン……。私の中に微かな不安が生まれた。だからというわけでもないが、自分が高峰を口説いて連載を始めてもらったこともあり、彼女には引き続き気持ちよく仕事をしてほしかったので、AとBが引き継ぎをした数日後、訊いてみた、

「新しい担当者のBさんはどうだった？」

一瞬、沈黙があって、高峰は応えた、

「ファンみたいなこと言うから、イヤ」

それしか言わなかった。

私の胸に黄色信号が灯った。

後日、引き継ぎの場に同席した一人の重役が言うには「僕もあの時、気になったんだよ。B君は夢中になって高峰さんの映画をどれほど観ているかとか、どの映画が好きだとか、得々《とくとく》として映画論をブッていたからねぇ……」。

この発言はその後〝ある一件〟が起きてのち、私に語られたものである。

高峰はもともとファンからも「あなたの映画の○○が好きだ」「△△はよかった」などと長々と手紙に書かれたり、言われたりするのが好きでない。ところへもってきて、編集者にそれを延々と言われたのだ……。もちろんBに悪気はない。だが彼は、大事なことを

見誤った。

少しして高峰の新刊が完成した。これはまだ前任者Aが最後に担当した分だった。

珍しく高峰が会社の私に電話してきた、

「Bさんにね、お願いした五十冊がまだ届かないけど、どうなってるのか高峰が心配してるって、あんた、伝えて。Aさんの時にはお願いしたら三日で届いたのに、今回は十日経ってもまだ届かない」

高峰の言う「五十冊」とは、当時ある会社の社長が社員に配りたいからと、高峰の新刊が出るたびにサイン本の形で購入していたもので、高峰は本にサインするため自著を五十冊、出版社から自宅に送ってもらっていたのである。

だがこのことを高峰は直接Bに言わず、私に言ってきたところが気にかかり、私の黄色信号は点滅し始めた。

「そうですかぁ。じゃ、高峰さんにお手紙でも出しておきましょう。アッハハハ」

内線電話をすると、Bは余裕たっぷりに笑った。私はすぐに高峰に電話して、Bが言ったままを伝えた。

「まぁ」

高峰は呆れたように、怒った。

と、五分もするとまた高峰から電話があり、「あんたには笑って済ませたようだけど、今、Bが慌てて電話をかけてきて、自分はすぐに注文を出したのに伝票を扱う女のコの発注が遅れたからだって、言い訳してたわよ」

人のせいにしたか……。だがこの手の言い訳はえてして真実が露見する。伝票を扱った女子社員がたまたま私と顔見知りで、「私はBさんに言われてすぐに伝票を出したんですよ。それは昨日のことです。Bさんが私に注文票を出すのが遅かったんです。あの人、いっつもそう！」、憤慨しきりだった。

ややあって年明け二月、忘れもしない、私はまもなく刊行される初めての自著『高峰秀子の捨てられない荷物』のゲラを自宅で読んでいた。

高峰から電話が来た、

「あんたがまた怒ると思うけど」

そう前置きをした。

「ナニ、また水道が壊れたのぉ？」

私は言った。その頃、松山家の水道の具合が悪く、私は行くたびに文句を言っていたからだ。

「違う、違う」

もどかしそうに高峰は言うと、

「昨日、（ホテル）オークラであんたの本の装丁の打ち合わせをした時、Cさんが Bから預かったって、私に大きな封筒を渡したでしょ？」

Cとは Bの上司で、私に本を出すことを勧めてくれ、そのまま拙著を担当してくれた人物である。そのCがBから託された大型封筒には、私の自著を露払いにして刊行される予定の、高峰の単行本『にんげん住所録』のゲラが入っていたはずだ。

「封筒を手にとった時、ゲラにしては薄いなと思ったのよ」

手の感触とは、さすが高峰は鋭い。

「うちに帰って開けたらね、ゲラの他に、Bの手紙、とも言えないファクシミリ用紙に書いた、しかも所々グチャグチャってペンで消してある汚い字の……」

私の黄色信号は赤に変わった。

「こう書いてありましたよ。『ゲラにしてみたら、原稿が足りません。前任者がすでに前の本に入れた随筆を間違えて未収録のファイルに入れてあったようです。なのであと二つ三つエッセイを書いていただくか、長～いあとがきを書いてくれませんか』、ですって！」

電話の向こうで、高峰の頭から湯気が立っているのが見えた。

「私は十二月にハワイに行く前に、Bにはホノルルのアパートの住所も電話番号も教えていったんですよ。それが、前の本の売れ行きを知らせてくるわけでもなし、帰国したら向こうの知人が『ヒデコが帰ってから届いた』って日本に転送してくれた郵便物の中に、Bのハガキがありましたよ、『ハワイはいかがですか?』って！　ハワイにいる二カ月の間ならまだしも、日本に帰ってきた段になって、エッセイをあと二つ三つですって⁉　冗談じゃありませんよ。第一、前の本に入れたエッセイを間違えて未収録のファイルに入れるなんて、そんなことをあのAさんがするはずがありません！　それをBは、Aさんのせいにして！」

普段寡黙な高峰が、これだけのことを立板《たていた》に水の如く喋った。いかに立腹しているかがわかる。

「ね？　あんたが怒ると思ったけど」

一息ついたように、高峰は言った。

「かあちゃん、怒るより怖いよ。そんな大失敗をしておいて、かあちゃんにエッセイを二つ三つ書けだなんて、Bのその図太さが私は怖いよ」

私は応えた。

しぶる高峰を私が六年かけて説得して連載を始めたのだ。足かけ七年の連載中、「もうそろそろいいでしょう」と何度も連載を終了したがる高峰に代々の編集長は「いつでも何枚でもいいです」とまで言って、最後のほうは、まるで残り少ない歯磨き粉のチューブを懸命に絞るようにして得た原稿だ。それをBはいとも軽く「エッセイをあと二つ三つ」と。

私は正直、背筋が凍った。

「だいたい、そんな内容のものを封筒に入れて、しかも上司のCさんに託すなんて！　それなら昨日自分も一緒に来て、一分でも二分でも私に話をすればいいんですよ」

その通りである。もし私なら、「こんなミスをしてしまいました」とCに相談した上で、松山家の玄関で土下座する。

「今回の本は一年も前から決まってたんですよ。それを、ゲラにしてみたら足りなかった？　この一年間、あの人は何をしてたんですか⁉」

高峰の怒りが再燃した。

「かあちゃん、Cさんに相談してみるから、ちょっと待ってて」

なだめるように言って、私は電話を切った。

とすぐにまた高峰から電話が来た。

そう、高峰はとてもせっかちなのである。

「かけてきましたよ、Bが。『いかがでしょうか？』だって。だから言いましたよ、『あなたのミスをカバーするために、どうして私が随筆を二つも三つも書かなきゃいけないんです』。そしたらBがヘラヘラ笑いながら『じゃあ、○○画伯の画集みたいな薄ぅい、おしゃれな本にしませんか？』ですって！　だから『お断りします。この本は無期延期にしてください！』、そう言って電話を切ってやりましたッ」

キャ〜。私の赤信号は、柱ごと破裂した。

私は高峰がこれほど編集者に対して怒ったのを見たことがない。

賢明な上司Cは言った、「薄い本なんてとんでもないことだ。これは高峰さんの『にんげんシリーズ』の第三弾なんだから、一つだけ形が違うなんてあり得ない。こうなったらBは文庫のほうから先に作ろうとするかもしれないから、高峰さんに『文庫が続くのはイヤだから』と言っていただくよう君からお願いしておいて」

私は高峰に電話でそのことを伝えた。

「わかりました。でも、もうBとは仕事をしたくありません」

高峰は静かに言った。

再び賢明なる上司C。まるでその高峰の言葉を聞いていたかのように、私に電話してきて言った、「たぶん高峰さんはもうBの顔も見たくないだろうから、異動の時期も近いことだし、担当者を替えます。どんな人がいいか、高峰さんに聞いておいて」

そのことを伝えると、高峰は言った、

「若い人でもどんな人でもいいんです。Cさんが決めた人なら」

Bはベテラン編集者と呼ばれる年齢だったのである。

翌日、出版局長から丁重な謝罪の速達が高峰に届き、三月、高峰の本の担当は、無口だが実直な、Bよりずっと年下の、つまり何の肩書もない青年編集者に決まった。

これが〝一件〟の顚末《てんまつ》である。

さて、ここに登場したA、B、C。

あなたは、高峰がそれぞれの人物に何を見たか、わかりますか？

人を地位や肩書で見ない　その2

前章に登場した編集者B。彼の何が高峰をあれほど激怒させたのか――。

他の編集者も同席した担当引き継ぎの席で、ファンのように高峰の映画について滔々《とうとう》と講釈を垂れたからか。高峰から依頼されたサイン用の五十冊を手配するのが遅かったからか。しかもそれを女性社員のせいにしたからか。自分が初めて高峰の単行本を出す時、一年も前に気づくべき原稿の不足を、ゲラにした段階で気づき、高峰にあと二つ三つ随筆を書いてくれと平然と言ったことか。さらにそれを自分で伝えず、上司に手紙を託したことか。またその手紙は、社用便箋でも普通便箋でもなくファクシミリ用紙を使い、誤字をそのままペンでグチャグチャと消していたことか。その上、字が汚かったことか。そしてまた、原稿の量が足りないことに自分が気づかなかったのは前任者のミスだと言ったことか。

どれでもない。すべてだ。

高峰は、人の失敗を責めない。でなければ私など、とうに縁を切られている。

高峰が問題にするのは、失敗それ自体ではなく、その失敗を犯した時、その人がどのような姿勢で物事を行っていたかである。

くだんの編集者Bがしでかした数々の失態の裏には、明らかに一つのことが存在する。

仕事に対する不誠実。

何が嫌いと言って、高峰がこれほど嫌う仕儀は、ない。

彼女は仕事に対してきわめて厳しい人だった。

私は高峰の女優時代を知らないが、その晩年の生活ぶりを見ていれば彼女がいかに真剣に女優業に取り組んでいたかがわかる。なぜなら、依頼された原稿を執筆する時、台所で食事を作る時、ベランダに塩漬けワカメを干す時、花瓶に花を生ける時……何をする時にも、彼女は常に全神経を集中して、きわめて慎重な態度で行っていたからだ。

ために失敗というものをしなかった。

再度、松山の言葉を出す。

「かあちゃんは結婚して五十年、皿一枚割ったことがないよ」

今でも覚えているが、ある午後、高峰に電話をかけた時だった。

呼び出し音が二度鳴って、高峰の声がした、

「はい」

私は、ハッとした。

あ、原稿を書いていたんだな。悪いことをした。すぐにそう思った。

その「はい」という声音には、微かだが、常とは違う張りつめたものがあった。まるで「決して見てはいけません」と言われたのに、そっと襖を開けて、機《はた》を織っている姿を覗き見てしまった「鶴の恩返し」のような、そんな冒しがたい怖さを感じたのだ。

高峰は、仕事というものがいかに尊く、責任の重いものか知っていた。それは人様にお金を頂くからだ。そのお金でご飯を食べるからだ。命を繋ぐための行為をゆめゆめ疎《おろそ》かにしてはならない。彼女が五歳の時から己に叩き込んできた信条である。

そしてその考えは、お金を頂く仕事だけにとどまらず、日常の家事や行いすべてに同じだった。

そんな高峰にとって、Bの姿勢はどう映ったか。

雑、無神経、いい加減、タカをくくる……。高峰が激怒したのは、自分に対するBの態度ではない。仕事をナメてかかった彼の姿勢そのものだ。

だからBに初めて会った時の印象を「ファンみたいなことを言うからイヤ」と言った。それはファンを否定したのではなく、Bが〝仕事をする相手〟とファンとして憧れる対象の区別ができなかったからだ。ただ浮き浮きしたファン気分をまき散らし、これから一緒に仕事をしていくのだという真摯と緊張感が微塵もなかったからだ。

ファン気分でできるほど、仕事は甘くない。高峰はそう感じたのだと思う。

「自分の財布からお金を出して、わざわざ映画館まで足を運んで、私が出ている映画を観てくれた人たち、その人たちみんなが私の勲章です」

かつて高峰が言った、このような人々が高峰にとっての尊いファンなのだ。

高峰は五歳の時から死ぬまで、ファンから来る手紙をすべて読んでいた。八十六年の生涯で、その数は優に億を超えていただろう。それでも必ず読んだ。それが、自分の出た作品を観てくれる、自著を読んでくれる人たちへの当然の礼儀だと思っていたからだ。

そのファンと仕事相手は別だ。高峰はそこに線を引いたにすぎない。

だが一つ、私の知る例外がある。

ファンという点ではBなど及びもつかぬ筋金入りのファンが、高峰と非常に良い仕事をした例だ。

今からもう二十年以上前、ある出版社が高峰の写真集を作った時である。

その写真集を発案した編集長も高峰のファンだったが、この人は最終的に高峰から「あなたには二度とお目にかかりたくありません」と引導を渡された人で、その経緯は近著『煙のようになって消えていきたいの～高峰秀子が遺した言葉』（ＰＨＰ研究所）に詳しく書いたので、ここでは割愛する。

で、その写真集の打ち合わせを自宅近くのホテルで行った数日後、高峰が次のように言

った、

「あの人はプロですよ」

ん？　誰のことだ？　かあちゃんがこれほど褒めるなんて、誰だ？　どんな人だ？　私は思った。

「表紙のデザインを決めたんだけど、私が文字の色を『これはちょっと明るすぎるわね』と言うと、『では、これでは？』と、持参してきた携帯用のビュアー（写真のネガなどを見るためのライトが点く板様の器材）の上に、色見本の短冊を置くの。私が何か言うと、また『では、これは？』『これは？』と次々に。余計なことは一切言わない。あの人はプロですよ」

いとも満足。そんな表情を高峰はしていた。

それは、Tというフリーの男性デザイナーだった。

写真集を刊行した半年後、高峰は都内の劇場で上演される自身の脚本になる芝居に、そのT氏を招待した。

中日《なかび》だった。芝居の幕間に「サンドイッチでも」と言って、高峰と松山は、T氏と私を劇場のカフェに誘ってくれた。

テーブルを囲んだが、T氏は何も言わない。黙って遠慮がちにコーヒーを飲み、サンドイッチを食べている。

私と前に話した時には、T氏は、「僕、高峰さんの『乱れる』（昭和三十九年、成瀬巳喜男監督）の舞台になった場所を見たくて、山形県の銀山温泉まで行ったんです」とか、「眼が違うんですよ、眼が。高峰さんは他の女優と眼が違う」とか、「昔からスクリーンでずっと見ていた高峰さんにじかに会うなんて。僕、打ち合わせの前日にネクタイを買いました」とか……、その高峰への熱い想いは、聴いている私が驚くほどだった。

なのに、一緒にサンドイッチを食べていて、Tは目の前の高峰に何も言わない。場はシーンとしている。

だから私は言ったのだ、

「かあちゃん、Tさんはね、かあちゃんのすごいファンなの。ね？（とT氏に）。『乱れる』の銀山温泉まで行ったし、最初の打ち合わせの日なんか、前の日にネクタイを……」

と、高峰が、

「あんたはうるさいです。Tさんが何も喋れないじゃないの」

ゲッ、私のせい？　シーンとしてるから場を和ませようと思ったのに……。

T氏と高峰が会ったのは、この時までに二回のみ。しかし一年後、私の初めての著書『高峰秀子の捨てられない荷物』を刊行する際、表紙のデザインを誰に依頼するかという話になり、高峰が言ったのだ、

「Tさんはどう?」

私はすぐに思い出せず、

「あぁ、あの写真集の時の……」

高峰は続けた、

「ただし外のデザイナーを使っていいかどうか、Cさん（前章で登場した、Bの上司）に訊いてみてね」

独断せず、出版社の都合を訊けというところが、思慮深い高峰らしい。

そして、こう言った、

「Tさんが本の装丁をするかどうか知らないけど、でもね、いい仕事をする人は他の分野でも必ずいい仕事をします」

装丁は見事だった。

錆び朱、濃紺、銀ねず、という高峰が提案した色を的確に配した、私などにはもったいない装丁になった。

作家の皆川博子氏は、「書店で他の本と一緒に平台に並べられているのを見て、何て趣味のいい表紙なのかしらと思って、思わず手にとりました」。そして買って読んでくださったことを、たまたま皆川氏に取材した時に聞いて、私は涙が出るほど感激したものだ。

さらに半年後、ある女性脚本家が同じ出版社でエッセイ集を出すことになり、C氏が装丁の見本として、T氏の手になる拙著を多くの本の中に混ぜて置いたら、その女性脚本家は迷わず「この本を作った装丁家に作ってほしい」と言ったのだ。

C氏からそのことを聞いた私はすぐに高峰に電話して、伝えた。

「ホラね。かあちゃん言った通りになったでしょ」

電話の向こうで莞爾《かんじ》として微笑む高峰の顔が見えるようだった。

熱烈なファンであるにもかかわらず、なぜT氏は仕事相手として高峰に高く評価されたのか――。

高峰を理解したからだ。本当のファンだったからだ。その上で、仕事をする時には一デザイナーに徹した。

その思慮深さと、仕事に対する誠実さを高峰は見たのだ。

大ファンであることを、ついに自分の口から一度も高峰に告げなかったT氏は、高峰亡き今も、拙著のデザインを続けてくれている。

貧乏な男と結婚した

当たり前だが、人はその表情から始まり、言葉づかい、態度、服装、家の住まい方……あらゆるものに、その人間性が表れる。

高峰の場合は、それがきわめて顕著に、独自性をもって表れていた。

中でも〝結婚〟は、その最たる表出の例だと言える。

「三十になってもしいい人がいたら結婚しよう。なぜか十代の頃からそう思ってた」

本人は「なぜか」と言ったが、それはたとえ無意識であったとしても次のような要因があったからだろう。幼い頃から家族の愛情に恵まれなかったという事実。物心ついた時から「自分はこの仕事に向いていない」と感じ、できるだけ早く女優をやめたい、そして人に注視される存在ではなく、普通の生活を送りたいと願っていた気持ち。

だが結婚というものについては高峰に限らず、それが「したい」「したくない」という正反対の願望であれ、また「した」「しなかった」という結果的事実に違いはあっても、誰しも女は、いや人間なら、一度は脳裏をかすめるものだ。「ただの一度もかすめなかった」と言う女性は嘘つきだと私は思う。結婚を意識することは、女男関係なく、人間という動物に備わった〝ツガイ〟というものに対する一種の本能だからだ。

だが〝女優・高峰秀子〟にとって結婚は、客観的かつ一般的に考えて、非常に難しかった。

なぜなら、彼女が自身で決めていた結婚の時期、即ち三十歳の時点ではすでに「二十四の瞳」であらゆる映画賞を受けており、さらなる映画賞をもたらすことになる「浮雲」の撮影も決まり、誰もが認める日本映画界を代表する女優になってしまっていたからだ。そんな女優は、結婚するのが難しい。してもうまくいかない。高峰の先輩を見ればわかる。田中絹代も山田五十鈴も、ごく若い頃に結婚したが、すぐに破綻した。原節子は終生独り身だった。

以上の四人は、映画史に残る。彼女らは男とではなく〝女優であること〟と結婚したのだ。だから田中絹代も山田五十鈴も私生活での安寧を捨て、死ぬまで女優だった。原節子は途中で引退したが、極端なまでに世間を避けたことによって、かえって死ぬまで女優になってしまった。

映画史にまで残らぬ女優は結婚できるし、それをまっとうすることも可能なのだが、それでもまっとうできる人は少ない。最近は業界の外のカタギの女性もそうなった。

大女優とは、女優としての成功を個人の幸せとするしかない、それほど女優業は厳しく、本来過酷な宿命を背負った職業なのである。

だが、高峰秀子は、結婚した。

では、なぜ「大」を付けられた女優である高峰が異例にも結婚できたか？

その最大の要因は、

「自分から女優というものをとってしまったら何もない。そんな人間にはなりたくないと思った」

この、十代の頃に抱いた考えが彼女の心底に揺るぐことなく座り続けていたからだ。

すべては高峰の考え方。要因はこれに尽きる。

彼女は女優業と心中したくなかったのである。

とは言え、結婚には相手が要る。いくら癇性なまでに几帳面な高峰でも、「三十歳で」そう都合よく「いい人」が出現する保証はないわけで、それは単に彼女の勝手な希望的人生計画に過ぎなかった。そしてまた、相手が誰でもよかったわけではない。家に置く壺一つでも好みが厳密だった彼女が、人間に対して、ましてや大事な結婚相手に対していい加減な基準を持つはずもない。

かつて、ともに二十代だった三島由紀夫と高峰が対談した時、話題が恋愛に及び、二人は次のような会話を交わしている。

〈三島　相手がどこに惚れたのか、僕に惚れたのかくっついている附帯的なものに惚れたのか判断に苦しむときがあるね。君なんかはどう？

高峰　わたしは疑い深いんだよ。だからそんなことがあってもつまらなくなっちゃう。ある男の人を好きだと思うと、その男が金持ちだったら金というものを取外してしまう、いい洋服を着てればこれもとっちゃう。という工合にその人のものをみんなはがしてみて、それでもその人が好きかどうかを考えてみる。そんなことをしてるから間に合やしない（笑）〉（原文ママ）　（『高峰秀子と十二人の男たち』河出書房新社より）

実に意味深い会話だ。

その人のものをみんなはがしてみて、それでもその人が好きかどうかを考えてみる――。果たしてこのような基準を持つ女性がどれだけいるだろう？

ハッキリ言って、私はムリ。あなたもそうじゃないですか？　そうだったんじゃないですか？　三島由紀夫の言う「附帯的なもの」は重要だ。特に経済的見通し。だって「好きだ」を連発していたってお腹は膨《ふく》れない。毎日食べていくことは人間が生きる上での最低限の条件なのだ。

その点では、高峰の言う「その人のものをみんなはがして」みることは〝きれいごと〟ともとれる。しかし一方では、これが人としての理想とも言えるのだ。

しかし理想とは、えてして現実からかけ離れているものだ。かけ離れているから理想なのだ。そして理想を貫くためには勇気と覚悟が要る。

名の売れた女優は、そのほとんどが現実のほうをとる。というより、理想と現実を区別せず、己にとって最高の状況のみを求める。だからそれまでの裕福な生活を維持するために、あるいはもっと贅沢な生活を手に入れるために、富める男と、あるいは社会的地位の高い男と、結婚するのである。

さて、高峰が自分で勝手に考えていた結婚の時期、三十歳。その四カ月前、つまり昭和二十八年の夏、一人の青年が高峰秀子に交際を申し込んだ。

瀬戸内の小豆島で、木下恵介監督が高峰を主演に「二十四の瞳」という映画を撮影していた時である。

それは、横浜郊外の農家の納屋の二階に住む、給料日に五目ソバを食べるのが唯一の贅沢だった、当時松竹の四段階システムの下から二番目であるサード助監督、高峰より一歳年下の、松山善三という青年だった。

「高峰秀子さんと交際させてください」

青年は、師匠である木下監督に言う。

ここで私は松山に疑問を呈した。もちろんその頃私は生まれていないから、後年の、七十歳を過ぎた松山に質問したのであるが。

「別に木下先生にことわらなくても、勝手に付き合えばよかったじゃない」

するとと松山は毅然として応えた、

「そんなことはできません。師匠に隠れてコソコソ付き合うなどイヤです。第一、木下さんのほうが先に高峰と知り合ったんです。その木下さんの組に僕が呼ばれなかったら、僕は高峰と知り合うことはできなかった」

松山はこういう人だった。私が密かに〝ミスター正論〟と呼んでいたような、真面目一筋の、石部《いしべ》金吉《きんきち》と言ってもよい人物だった。一度など、私が電話で高峰に「とうちゃんは理屈ばっかり言うから、疲れる」と言うと、高峰が「明美さんッ、よくぞ言ってくれました」と応えたほどだ。

で、弟子にいきなりそう言われた木下は、松山によると、最初、何か不思議な動物を見るような眼で松山を見たという。要は松山が何を言っているのかにわかには理解できなかったのだ。

しかしやがてハッと我に返った木下は、

「身の程をわきまえなさい！　松山君！」

一喝したそうだ。

当然だ。日本一ギャラの高い人気女優である高峰秀子に、貧乏なサード助監督が交際を申し込もうという。わかりやすいたとえを出すなら、全盛期の美空ひばりにレコード会社の新入社員が交際を申し込むに等しい。正気を失ったと思われても仕方のない、暴挙だ。

「いえ、それでも僕は」

だが、松山は引かなかった。

弟子を一喝したものの、木下は、松山の熱情と勇気にほだされていた。

翌日、泊まっていた島の旅館の自室に、木下は高峰を呼んで、言った、

「松山君があなたと交際したいと言っているんですが、どうでしょう？　人物は僕が保証します。彼は将来、必ずやいい仕事をするはずです」

「…………」

高峰は一瞬、黙った。

やはり後年、高峰に訊くと、この沈黙は次のような理由からだったという。

「三十歳で結婚したいとは思ってたけど、『○○さん』って特定の人の名前が出てきたのは初めてだったから、驚いて、すぐには何も言えなかったの」

当然だ。藪から棒というヤツだ。

だが、木下はその高峰の沈黙を別の意味に解釈したらしく、

「すみません！　大スターの高峰さんに助監督と付き合えだなんて……。本当に失礼なことを言いました。この話は忘れてください」

そう言って自ら話を下げてしまった。

「翌日ね、撮影してる時も木下さんは、何か私と目を合わせないようにしてるの」

木下としてはバツが悪かったのだろう。

だが夕方、ロケが終わって宿に戻る時、旅館の靴脱ぎ場で偶然木下と一緒になった高峰は言うのだ、

「先生、一晩考えてみました。お付き合いしてみます」

このひと言ですべてが決まったと言える。

誰が考えても釣り合わぬ青年の無謀な申し出に対して、高峰はもっと無謀な回答をしたのである。

月給一万二千五百円に対して映画一本のギャラが百万円、片や映画界に入ってまだ三年のサード助監督、片やキャリア二十五年の大スター、知名度ゼロに対して、「日本国　高峰秀子様」で海外から手紙が届く超有名人……。

確かに二人は〝釣り合わなかった〟。事実、私は初めて高峰に会った時、取材と関係のない、こんな質問をしてしまった。

「もっと自分に見合う人と、とは考えなかったんですか？」

「見合うと思ったから結婚したんですよ」

さすがにムッとした表情になり、高峰は低い声で応えた。

「いえ、そういう精神的な見合うではなく、地位とか財産とか……」

そこで高峰が言った言葉、

「そんなものが何だって言うんです」

この瞬間、私は高峰に惚れた。

そして彼女は続けた、

「いい人はいい仕事をするだろうと思いました」

昭和三十年三月二十六日、高峰秀子は結婚した。

それは半年の交際を経た、奇しくも高峰三十歳、最後の日だった。

家庭を優先した

というわけで、高峰秀子は自身が十代の頃から願っていた通り、三十歳で結婚した。

彼女は著書の中で次のように綴っている。

〈私は結婚と同時に、家庭を七分、仕事を三分と割り切って、大幅に仕事を減らしました。ということは、私はもともと女優稼業を一生続ける気はなく、結婚は一生の大事業だと思っていたからです。女優という仕事は一見ハデに見えますが、そうナマやさしい仕事ではありません。結婚ウキウキ、仕事もカムカムなどという器用なことは、少なくとも私にはできません。五分五分でやれば、どっちも中途半端になってしまう、ということが分かっていたからこそ、私は仕事を三分に減らしたのでした〉

この文章が、結婚後初めての著書、即ち自身二作目の『まいまいつぶろ』にではなく、結婚して四半世紀も経った時に上梓した八作目の随筆集『つづりかた巴里』に書かれているところが、いかにも高峰らしい。

結婚してすぐに「これから私はこのようにします」と宣言するように書くのではなく、まもなく銀婚式を迎えようとするベテラン妻になって、振り返るように書いているところが、何事にも力まず作為のない高峰の人柄を表しているのだ。

それにしても、何と重要なことをサラリと書いていることか。

この文章の内容を実行するなら、あるいはこのような考えを持っていれば、女優の離婚は減るのではないか。いや、女優に限らず、世の働く女性のもっと多くが偕老同穴を実現することができるだろう。

だが女優の場合、そのほとんどが「結婚後もお仕事を続けていきたいと思います」と記者会見の席でシレッと吐いて、やがて離婚する。それは、二つのことを同じ重さでやり遂げることは物理的に不可能だというごく当たり前の現実がわかっていないと同時に、一度華やかなスポットライトを浴びたら、ライトどころか注目すらしてもらえない地味な家事に我慢ならなくなる己の心理的変化を予想できていないことに起因する。働く女性も、外で働いている時は評価されるのに、「家の中で掃除洗濯をしていたって誰が評価してくれるの?」「私の自己実現はどうなるの?」と不満を募らせ、夫との間に溝ができる。

実際は、家族のために家事をつつがなく行うことはきわめて尊い仕事なのに、彼女らは、そうは思わない。

要は、「他者に評価されたい」という我欲が強いのだ。

最近の女性はよく「自己実現」を口にするが、社会に出て働こうが家の中で家事だけをしようが、自己実現できるできないは、その人次第なのではないだろうか。

高峰の稀有は、何事においても他者の評価を求めなかったことにある。

「自分なりに懸命に演じるけれど、出来上がった映画をどう思うかは観た人の自由です」。本書でも何度か書いた、この言葉に象徴されている。

唯一例外があるとすれば、作った料理を夫に「美味しい」と言ってもらいたい。その願望だけだったろう。

高峰の晩年、私はこんな光景を二度目撃した。

夕食の時、料理に手をつけた松山が「美味いね」と言ったところ、向かいに掛けていた高峰が「何？　今何て言ったの？」と訊き返した。「美味い、って言ったんだよ」と、松山が声を大きくしてリピートした。すると高峰はいとも満足そうな嬉しそうな笑顔をしたのである。

だが一緒に卓についていた私には、高峰に松山の最初の一言が聞こえなかったはずはないということがハッキリわかった。松山の一言目で彼女の目がパッと輝いたからだ。確かに松山の声はハスキーで、高峰と違って〝通り〟がよくない。よくはないが、聞こえないほど小さな声ではない。要は、夫にもう一度言ってほしかったのだ、「（君の料理は）美味しいよ」と。外では決して見せなかったが、こんな可愛らしい甘えを、夫の前だけでは高峰は見せた。私はそんな彼女を〝どっときの高峰〟として今も記憶している。

高峰は、七分にして重きを置いた家庭生活に様々に腐心した。

何しろ二十九歳の夫が〝高峰邸〟に運び込んだ〝財産〟は、リヤカー一杯の古本だけ。知名度はゼロ。脚本家をめざすと言っても先は不明だ。三人のお手伝いさんたちは当然のように、それまで通り高峰を女主人と考えているから、たとえば魚を焼いても、大きい切り身を高峰の前に、小さいほうを松山の膳に出した。

「違います」、高峰はそう言って、皿を逆にすることから始まり、知人や訪ねてくる人すべてに、「うちは今日から松山です」を繰り返した。だが御用聞きさんたちは相変わらず「高峰さ～ん、こんちはぁ」と勝手口から声をかけ、「高峰さん、今日の御用は？」と電話をかけてくる。その度ごとに「いいえッ、うちは松山です」と口が酸っぱくなるほど言ったが、一向に直らない。ついに結婚半年後、酒屋、魚屋、八百屋、クリーニング屋……すべての御用聞きさんを、彼女は総とっ替えしたのである。

そしてまだ女優をしていたため、したくても三度の食事の支度や掃除など家事ができなかったので、料理は自分で味付けをしてみせて、掃除も自分でやってみせて「このようにしてください」とお手伝いさんたちに指示した。

一方、若き夫の新婚一日目の感想を、松山は晩年、次のように私に語った。

「朝、寝室で目が覚めるとね、お手伝いさんが西洋式の朝食をトレーに乗せて、僕らのベッドまで恭《うやうや》しく運んでくるんだよ。びっくりした。僕はそれまで人にかしずかれたことなんかなかったからね」

相当なカルチャー・ショックだったろう。その上、松山は結婚した翌年、腎臓結核に罹って半年も入院している。早く脚本家として立ちたい、その一心で寝る間も惜しんで勉強したせいだった。

高峰は撮影がある日も毎日、病室に弁当を届けに来たという。

「僕はもう死んだほうがいいんじゃないかと思った。ヨメさんにこんな苦労をかけるなんて……」

一日も早く引退したい妻のため、一日も早く脚本家として稼げるようになりたいと思っているのに、現実の自分はベッドに伏して何もできないのだ。松山の胸中は察するに余りある。

私は松山に訊いたことがある。

「かあちゃんに劣等感を抱いたことはない？」

彼はこう答えた、

「ないね。映画界を一〇〇メートル走にたとえるなら、僕がスタートした時、高峰はもうゴールのテープを切ってたような人だよ。僕は映画のことだけでなく、骨董、絵画、着物……あらゆるものを高峰に教えてもらった。高峰は僕の奥さんだけど、先生でもあるんだ。だから愛しているというより敬愛していると言ったほうが正確かもしれない。劣等感なんて一度も抱いたことがないよ。かあちゃんは人に劣等感なんか抱かせるような人じゃない。それは君が一番よく知ってるだろう」

松山がこの発言をしたのは、夕食のあとだったので、食卓には高峰もいた。

松山の言葉を聞いた高峰は、おどけたように、

「こんなこと言うなんて、とうちゃんどうしちゃったんだ。もうすぐ死ぬんじゃないか」

そして照れ隠しのように笑った。

結婚後、高峰は着実に仕事を減らしていった。独身だった二十代には四十本以上出演した映画を、三十代では三十本、四十代では七本、五十代では四本。もちろん日本映画界が斜陽になっていった現実も影響しているが、それは映画界には酷だが高峰にとっては幸いしたと言える。高峰が仕事を減らしていったのと反比例するように、夫の松山は猛然と脚本を書き始め、三十五歳の時には「名もなく貧しく美しく」（昭和三十六年）で監督デビューして多くの映画賞を獲得。そして「命令一下人を動かすより、一人でコツコツ書くほうが僕には向いている」「四十代の時には来る仕事はすべて受けた」という言葉通り、多く

の成瀬巳喜男監督作品など映画の脚本、プロアマ問わずという脚本公募に「プロとアマを一緒にするとは何事か」と角川映画「人間の証明」（昭和五十二年、佐藤純彌監督）に入賞してプロの気概を見せ、東芝日曜劇場をはじめとするテレビドラマ、舞台の脚本、美空ひばりが歌った「一本の鉛筆」作詞、「百万本のバラ」訳詩……膨大な仕事を仕上げていった。そして昭和五十四年、木下恵介監督「衝動殺人　息子よ」を最後に、高峰は五歳でデビューして以来五十年をかけて、ついに悲願の女優引退を果たすのである。

「土方をしてでもこの人を養ってゆきます」と、婚約記者会見の席で言った松山の言葉。結婚した時、高峰から「今は私は人気スターとやらで映画会社がたくさんお金をくれます。くれるものは遠慮なく頂いて二人で使っちゃいましょう。でも女優なんてはかないものです。いつか私がただのオバアさんになったら、その時はあなたが私を養ってください」と言われて、「はい、わかりました」と一言答えた返事。

この二つの発言を、松山はきっちりと実行したのである。

つい先日、脚本家連盟から電話があり、松山が作ったCMをトーク番組で流したいから許可をと。それはある年代の人なら必ず知っている「日生のおばちゃん」の歌が耳に残るCMだった。保険のセールスウーマンに扮した女優の中北千枝子が自転車に乗って商店街を回るシーンが有名で、長らく映画の脇役だった中北の知名度を一挙に上げげた。

「あの曲もとうちゃんが作詞していたのか……」、私は松山の死後、このような〝知らなかった松山の仕事〟と次々に出逢っている。

漬物と味噌汁が大嫌いな偏食家の夫のために彼が好む料理をこしらえ、大口を開けて食べない夫のために、カレーの具もサラダの野菜も小さく刻み、夫が地方へ講演やロケハンティングに行く時には手作りの弁当を持たせ、冷凍食品や前日の残り物など一切食べない夫のために、常に作り立ての料理を供していた高峰。

ただ一心に仕事に専心し、高峰を世間から守った松山。

私には今でも忘れられない光景がある。

台所で菜っ葉を洗いながら、高峰がポツリと言った言葉である。

「かあちゃんは小さい時から働いて働いて……。だからきっと神様が可哀相だと思って、とうちゃんみたいな人と逢わせてくれたんだね」

あの時の高峰の笑顔——。

「三カ月もたない」「三年で別れる」と記者たちに賭けまでされた〝釣り合わぬ〟男女は、死が二人を分かつまで、見事に連れ添った。

金と権力になびかず

ということは、一般に女優は金と権力になびくのか？なびく。特に高峰世代の女優には、政財界や映画界の有力者をパトロンに持ったり、その力で名誉さえ得た人もいる。もちろんそうでない女優もいる。たとえば杉村春子は文化勲章を固辞した。彼女は勲章に相応しい実力と業績を有していたが、左翼の築地小劇場出身者らしく最後の新劇人の気骨を見せて立派だった。

だが金と権力に弱いのは何も女優に限らず、人間は皆、弱い。私など友人に「こういう時に金と権力があれば……」と口走ってしまい、おおいに軽蔑されたものだ。

金と権力は、正しく行使されれば有意義だが、残念ながらそういうことはほとんどなく、多くは、特定個人に利益を導くために使われる。

おそらく高峰秀子は、私が生涯で出逢った数少ない、金と権力に服従しなかった人物である。

金について。

それは彼女の結婚に象徴されている。

高峰が十代の頃から考えていた「三十歳でもしいい人がいたら結婚したい」の、まさにその三十歳直前、二人の候補者がいた。一人は木下（恵介監督）組の、助監督K。もう一人はその後輩助監督・松山善三。どちらも誠実な仕事ぶりで、容姿も良い。Kは弟が俳優になったくらいだからその容貌の良さは想像できるだろう。松山は女優の杉山とく子によれば、「そりゃぁハンサムでしたよ。私たち脇の女優たちは松山さんが外を通ると、二階の控室の窓に鈴なりになって『あれが助監督の松山善三さんよぉ』とキャーキャー言ったものです」だそうだ。

だがこの二人の男には決定的な相違点があった。その情報を高峰は結髪《けっぱつ》係の女性から聞いている。

「結髪の人はいろんなことを知っていて、髪をセットしながら、私が訊きもしないのに、『Kさんはご実家が大変なお金持ちで、神奈川のほうに大きなお家があって、お父様が新橋のガード下のお店の権利をすべて持っているんですって。それに引き替え、松山さんはとても貧乏で、何だか農家の納屋の二階に住んでるそうで……』って言うの」

と高峰は当時のことを語った。

どちらも容姿と仕事ぶりは申し分なく、片方は金持ちで片方は貧乏。

あなたならどちらを選ぶ？

「私は小さい時からお金でさんざんイヤな思いをしてきたから、お金持ちのところへ嫁《い》って、またお金のことで苦労するのはイヤだと思った。それにとうちゃん（松山）は本当に働き者で、他の人の仕事をとって文句を言われるぐらい、それこそガツガツって感じで働いてた」

高峰は貧乏な青年のほうを選んだ。

そして私の見聞から言えば、高峰はお金にきれいだった。

浪費はしないが、中国に幼稚園を造ったり、ハワイに奨学金基金を設立したり、また遺言によって様々な寄付をした。そして本人は死ぬまでそれらを公表しなかった。

池波正太郎作「鬼平犯科帳」の長谷川平蔵は言っている、「己の善行を声高に語る者は怪しい」。

もし高峰が金に執着する人間なら、学ぶ機会を奪われても文句一つ言わず何十年もの間、十数人の血縁にすべての稼ぎを吸い取られ、結婚する時、貯金が四万円しかなく、親代わりの川口松太郎に金を借りて披露宴をした、そんな状況には陥っていなかったろう。

権力について。

かつてある出版社が高峰の写真集を作った時、普通なら当人である女優は発案者で決定権を持つ編集長と仲良くするところを、高峰はフリーランスの編集者とデザイナーのほうを大切にした。

「あの編集長はいつ電話してもいないし、折り返し電話をくださいと伝えてもかかってきたためしがない。仕事の進行状態をまるで把握していません」

やがて写真集が完成して、その編集長が「サインしてよ」（高峰曰く）、と色紙を数十枚持ってきた時、

「お断りします」

彼女は言下に拒絶した。

そして後日、私に言った、

「しんどいことは全部下の者にやらせておいて、いい時だけ顔を出すような上の人間は嫌いです」

女優時代も権力を持つ監督より裏方スタッフたちを大切にしていた彼女の姿勢は、私が出逢った晩年も変わっていなかった。

だが高峰の権力に対する反骨を最も如実に表しているのは次のエピソードである。

市川崑監督が撮った「東京オリンピック」（昭和四十年）。

今でこそ市川の傑作と言われているが、完成した一九六四年当時は、さんざんな評価だった。その時オリンピック担当相だった河野一郎が試写観賞直後に「記録性をまったく無

視した、ひどい映画。（中略）こんなオリンピックが東京で行われたと後世に伝えられては恥だ」と発言したことが、その年の三月九日付け朝日新聞をはじめ各紙に掲載されたのが原因だった。それによって、すでに決まっていた文部省推薦を文部大臣が取り消し、地方の各団体が推薦を取りやめ、製作した東宝は編集のやり直しまで言い出して、この話題は連日、新聞を賑わせた。今ならテレビのワイドショーが毎日取り上げただろう。

映画会社はもとより、映画人も誰一人として市川を擁護せず、市川は一人叩かれ続けた。

そこに猛然と助太刀したのが、高峰だった。

彼女は、河野大臣の発言が新聞に載った九日後、三月十八日付けの東京新聞に四百字詰め二十枚を超える反論文を載せたのだ。

彼女の文章を一部抜粋して引用する。

〈映画は常識的な「記録映画」ではなかったけれど、ＴＯＫＹＯにおけるオリンピックであり、「参加することに意義がある」というクーベルタンのことばを、このように生き生きと美しく表現した五輪映画ができたことに感動した〉

〈映画監督は単なる編集者ではない。自分に内在する力でものを生み出すひとりの作家なのである〉

〈私は、黒澤明氏にかわって、市川氏がオリンピック映画の総監督に選ばれたと聞いたとき、「お役人もなかなかしゃれた人に目をつけたじゃないか」と思ったが、しかしこれは私の早トチリだったらしく、関係者は、そんなに大切な仕事を任せる「市川崑研究」どころか、もしかしたら氏の映画を一本も見たことがなかったのではないだろうか。でなければ、完成したフィルムを「編集し直せ」の「もう一本作れ」のといった非礼なことが言えるはずがない〉

〈どうしても「記録」にこだわるなら、一部の人がいうように、「記録映画」を作ればいいのだ。何本でも納得のゆくまで作ったらいい。どうせ私たちの税金は満足のいく使われかたはしていないのだ〉

〈思うがまま、筆の走るままに、私はここまで書いた。私は三年ほど前にも、とつぜんカッカとアタマにきて「批評家への疑問」という長い文章を三回にわたって朝日新聞に書き、批評家の諸氏からコテンパンにブンなぐられた。イワク「女優のくせに生イキな……」「だまって演ればいいいんだ……」と。けれど「根本的なくいちがい」のもとに、正論、反論、駄論、珍論、暴論を、一身に浴びてたたずむ市川氏を見たとたん、私は三年前にブンなぐられた痛みを忘れて、こんなことを書きたくなった。こうなったらやぶれかぶれ、またブンなぐられる覚悟である〉

この文章を書いた時、高峰は四十歳、まだ現役の女優だった。少しでも己の立場や損得を考えたなら、書けない。

さらに高峰は、書いただけでなく、行動した。単身、河野一郎の事務所を訪ね、市川崑に会ってほしいと求めた。ちなみにその時、河野は高峰を指して側にいた青年に言ったという、「こういう人を見習いなさい」。それがのちの政治家・河野洋平だった。

結果、河野と市川は三回にわたって面談し、うち二回は高峰も同席したという。が、この事実を私は高峰から聞いたわけではない。高峰はもともと自分のことは必要に迫られない限り語らなかったが、特に「人のため」と思われかねない行為については、一切言わない人だった。だから私は、彼女について本を書くために資料を集めていて、彼女と市川との対談を見つけて、この一件を知ったのだ。

その対談を引用する。

市川　オリンピックは、ボク、忘れたいけど忘れられないのよ。新聞でゴタつきはじめたとき、たまたまあんたから電話もらってさ、電話をくれた第一号があんただった。まあ、そのころ、ボクはデコちゃんて、あんまりねえ、会社も違ってたし、仕事のしっぷりも違うし……。

高峰　結婚なさってるしねえ、エンリョもあるし……。

市川　そんなことはないさ、それはないけど、そういう意味でまったく疎遠であったわけでしょ？　そしたら、いきなり電話かけてくれてさ。
高峰　新聞に……。へんてこりんなオリンピック映画ができちゃったって、河野一郎さんが書いたんだっけ。
市川　書いたんじゃない。発言したの、閣議かなんかで。
高峰　それで私が文句いったんだった？
市川　この人、なるほど記憶力がない。混乱しとる。そうじゃないよ。いいですか？　順序としては、河野さんが発言してねえ、デコちゃんがそれと関係なく僕に電話くれたんだ。「あたいみたいにスポーツを知らない人間が見ても、とにかく、よかった」って、あんたいってくれて、ボク、たいへんうれしかったわけよ。……ボクはテレヤだからね。電話口で「あなたァ」なんて、うまく泣けないけど。
高峰　電話一本っていっても、なかなか出来ないもんよね。こっちもテレちゃうし。
市川　あんたが電話くれた時、こっちはもうガッサゴッソともめてたわけだよ。そしたらあんたが「東京新聞」に書いてくれたんだ。「私はアタマにきた」って。
高峰　うん。なんだか書いた。ブリブリ怒って……。一言でいえば、「市川崑の作った東京オリンピックの映画はなっとらん、作りなおせェ」ということから始まったのよね、そもそもは。そして、それをいい出したのが、河野さん。

市川　違うったら、河野さんは作り直せなんていってないの。……あんた対談したでしょ？「週刊サンケイ」で。

高峰　誰と？

市川　河野さんとだヨ、イヤだなこの人は。

高峰　ぜんぜん忘れちゃった、私。モーロクしたのかな。

市川　その対談で、あんたが「河野さん、あんた間違ってる、ヒドイわよ」ってハッキリいったんや。すると河野さんが「私、そんなこと知らない。いったい、どうなってんの？」ってことになって。

高峰　そうだ、そうだ、思い出した。私、あのとき、崑ちゃんのことというてやれと思って、それだけのために出かけて行ったんだっけ……。それで？

市川　それであんたが「どうも間に人間が入りすぎて、話がややこしくなっているらしい。河野さんはワリと話せるオジサンだから、いっそ駆け込み訴えしたら？」って。

ボクはそれまで対立してて、でもだんだん対立してくると、あの映画がかわいそうになってきてね。違う点で、ああだこうだって、いろいろ論じられていて……。で、あんたにいわれて、じゃ思いきって会ってみようかと思って、面識もないのに電話したんや。国務大臣のところへ。そしたら「会う」っていう。ボク、デコちゃんに「ほな、行ってくるでェ」いうて乗り込んでって……。そいでアッサリ話がついちゃった。そのころ、海外版はボクをはずしてどんどん編集しなおされて、それが混乱状態で。ちょうどその時期だったんで、ボクも思いきって河野さんとこへ行く気になったんや……。

河野さん、こういうたよ。「僕は、三時間もかかる映画なんて見るつもりはないし、見たくもない。しかし、オリンピック映画だから見た。だいたい、十分くらいで寝てしまうつもりが、オリンピック映画だけは三時間見てしまった。それは、なぜかというと、もう腹が立って腹が立って、これは全部違うんじゃないか、違うんじゃないか。オレの考えているオリンピック映画とは違うぞ、そう思いながら見てしまった」って。「アア、そうですか」そういう話から入ってね。だんだん話してるうちに、とにかく二人で解決しよう。英語版の編集も、あんたに返そうってことになっちゃった。

高峰 すごかったねえ。ああいうのを即時解決っていうんだ。大物だった。

市川 その後も、何版、何版っていうのがいっぱいあって、そのたびにガタガタすると、ボクがデコちゃんに電話して、河野さんとこへ同行してよっていうと、あんた少しオッチョコチョイのところもあるから「行ったげるよ」なんて。男同士でカッカと話すんじゃなくて、しぜん河野さんも、今度メシでも食いましょうよ、どうォ？　高峰さん、てなことでね。ボクは大変に申しわけなかったけど、おおいにあんたを利用したわけ。あんたは終わりまでずっとやってくれた。あの時期に、ああいう形で解決したってことは、ほんとうにあんたの直感力ってのか「会いなヨ」というあんたの一言で、そうなったんだから。

高峰　だってあのとき、駆け込み訴えしかなかったじゃないの。お役所なんてとこは一言しゃべったって上までゆくのに十五日位かかるとこだし、待っちゃいられないもの。

ヘナチョコ映画を作ったんじゃなくて、オリンピック映画だし、あいまいに譲ることはいけないですよ。そういうときに、いうこともいわずにショボショボと押し切られちゃうから「映画界の人間は」なんていわれるのよ。だって、そうでしょ？　お役所ってのはいいかげんすぎるじゃないの。

そんな人間に、もたもた作り直せのなんのっていわれることないのよ。

第一、出来たものを見て、どうしてあんなにあわてるのよ。全部、おまかせしといて、出来上がってからアッとビックリするなんて無責任よ、第一、演出を頼む前に、崑ちゃんの映画を一本も見てない証拠じゃないの。崑ちゃんの映画を見れば、長いエントツをシネスコに入らねえって真横に写すことぐらい、わかりそうなものじゃない。

そうしたら、そういう感覚の映画ができるの当たり前で、そんなことに驚いてるの見るこっちのほうが驚いちゃうよ。チャフラフスカがサカサマに映ったって、困りますっていわれたって、こっちが困るわよ。

私ははじめ、崑ちゃんに演出が決まったと聞いたとき「へえ、お役人もなかなかシャレた人に目をつけたなあ」と思ってたのに、とんだ早トチリをしちゃった。常識的な記録映画にしたかったのなら、なにも市川崑に頼みになんてこなきゃよかったのよ、ああ、腹が立つ。

市川　もう、いいよ、そんなに怒るなよ。

そして、この次に、高峰は重要な独白を書いている。

〈崑ちゃんは、私の助太刀に対して、感謝してくれているらしいが、実は私は「崑ちゃんという人」だけのために、あんなおせっかいをしたわけではない。

映画は、個々の観客によって意見がまちまちであるのは、いま始まったことではない。ただ、オリンピック映画の場合は、崑ちゃんは「誰が勝つか負けるかは重くみない。私は勝負の記録を映画にするのではない」といいきっていたのに、出来上がった映画に対する批評のことごとくが、「記録的である」「ない」と、その一点ばかり、崑ちゃんにすれば、「あれよあれよ」という感じだったろうし、自分にカンケイないことのようで、あるようであり、渦中にいても、実に立つ瀬がなかったんだろう。

それにしても、肝心の映画人の発言がなさすぎやしないか。こういう時、なぜ映画人は知らん顔していて、援護射撃をしないのだろう。

あんまりじゃないか、あんまりだ、あんまりだと思いながら、つい自分がノコノコ出しゃばってしまったのである。崑ちゃんは、私をオッチョコチョイだというが、私も自分がオッチョコチョイであることは、ちゃんと認めている〉（『高峰秀子かく語りき』文藝春秋より）

高峰は映画人が助け合わないことを、「あんまりじゃないか、あんまりだ」と書きながら、心の中で泣いている。

かつて最晩年の三船敏郎が車椅子姿を盗撮され写真誌に載った時も、高峰は怒った。そして書いた。

〈見開き二頁のその写真は、つば広帽子をかぶって車椅子に乗った三船敏郎さんである。車椅子を押しているのは看護婦さんのようだ。明るい陽光の中のその写真は、私の眼にはすがすがしく映って、なつかしく思った。

「久しぶりだねえ、三船さん……」

と、心の中で呟きながら、写真にそえられたキャプションを読みだした私の眼は、一行ごとに三角になっていった。

（中略）

三船といえば黒澤という名前が浮かぶのはしかたがないけれど、三船さんが残した業績と、日本映画界における貢献度は、誰が考えてもハンパではない。
私は「無法松の一生」をはじめとして、三船さんとは何本かの映画で共演している。正直なところ、演技者としての三船さんはギクシャクとしてぶきっちょだと思うし、個人の三船さんには関心もなく、つきあいもない。ただ、この写真について書かれている文章に一片の思いやりやいたわりの心がないのが三船さんのために残念だし、現在の彼を哀れという一言でくくるだけでは、彼の残した業績に対して失礼ではないか、と私は思う〉
(『にんげん蚤の市』河出文庫より)

この文章は最初、高峰が月刊誌「オール讀物」の連載に書いたものだ。六年越しに口説いて高峰に連載を始めてもらった私は、週刊文春の記者をしながら松山家に原稿を貰いに行っていたので、よく覚えている。こんなことが書けるなんて凄い人だと強く思った。

高峰は〝義の人〟だった。

辞書に曰く、義とは〈道理、条理。物事の理にかなったこと。人間の行うべきすじみち〉とある。

人間の行うべきすじみち——。

高峰は河野を「大物」と言っている。最初は対立する相手だったが、河野の、人の話を聞く態度や即決ぶりに、やがて惹かれていったのだろう。その後、河野が死去した時、その葬儀に参列している。だが線香を上げて会場を出ると数多のフラッシュとマイクに囲まれ、「お気持ちは？」などと愚問を突き付けられ、以来、それが木下恵介監督であれ誰であれ、葬儀というものに参列しなかった。女優をやめたことを、その死への「殉死」とさえ言った成瀬巳喜男監督の葬儀で弔辞を読んだ以外は。

だが、「人間の行うべきすじみち」を通せる人は少ない。高峰は「映画人の発言が少なすぎる」と嘆いたが、私に言わせれば、発言などするはずがないじゃないか。だってみんな自分が可愛いんだから、へたに関わって〝お上《かみ》〟に睨まれたら損だ。先々、勲章だって貰えなくなる。そう思っているのだから。

高峰が紫綬褒章さえ受けていないのが、その証拠である。

彼女は、この件にたった一人で異議を唱えただけでなく、他にもお上に楯ついた。ある時は国会に呼ばれて、「今のテレビは低俗だ」と発言して、「何様だと思ってる高峰秀子は」「女優ごときが生意気な」と政治家やマスコミにさんざん叩かれたこともある。

映像の二次使用をハリウッドなみに認めてもらえたら、主演俳優はもちろんだが、それより脇役の人たち、その遺族が経済的に少しは助かる。そう考えて動いたこともある。まず杉村春子に声をかけた。「それはいいことです。すぐやりましょう」、杉村は快諾した。ところがもう一人のベテラン俳優。「あの人にも加わってもらって私たち三人が声を上げればきっと実現できる」、高峰がそう考えた俳優が、蹴った。彼は映画会社と対立したくなかったのだ。そして晩年、叙勲した。

未だに日本の俳優の肖像権は守られていない。いちいち許可をとれとうるさく言っているのは、高峰の遺族である私ぐらいだろう。肖像、即ち〝顔〟は、役者の商品であり、命だ。だが日本の映画界もテレビなどメディアも、そんなことは重視しない。それでいて、映画会社はスチール写真一枚に法外な金をとり、潤沢でない雑誌などは掲載を断念せざるを得ない。法外なスチール使用料の一部は本来、そこに写っている俳優たちまたは遺族、もっと言えばそのスチールを撮ったカメラマンや遺族に分配されるべきものではないのか。少なくとも使用するために許可ぐらいはとるのが礼儀だと思う。私が働いていた頃、週刊文春は、そこに何人写っていようと、調べられる限り調べて遺族に肖像を使用する許可をとっていたが。

高峰が言うように、日本の政治家は映画など見ない。政府も映画を尊重せず、映画界や芸能界で働く人間も、一般の人間が祖父母をはじめとする老人を無視するように、先人の業績を知ろうともしない。ただ、今現在で金が稼げるアブクのようなタレントを取り合うのに血道を上げているだけだ。

日本映画界がハリウッドを超えることは永久にないだろう。

女優が嫌いだった

高峰が、日本映画史に残る大女優たりえた要因は、明白だ。

演技力があった。

だがもう一つ、意外な要因がある。

女優が嫌いだったからだ。

なぜ嫌いだったか？

非社交的で、ましてや人に見られたり取り沙汰されるのが好きではない自身の性分《しょうぶん》がこの職業には向かないと考えていたことも一つ。

しかし、それよりもっと根本的なもの。

「女優は仕事をしていない時も女優を引きずっているから嫌い」

高峰のこの発言中、「女優を引きずっている」の、その「女優」にこそ、答えがある。

「仕事をしていない時」とは、カメラが回っていない時であり、即ち演技を必要とされない〝素〟の状態を指す。

そこに「女優を引きずっている」とは、どういうことか？

本書に私がこれまで書いてきた、多くの女優の言動すべてである。

カメラが回らず、ただの名もない記者に取材されている、そんな女優業を行わなくてよい局面で、いや、そんな誰にも見られていない状況だからこそ、彼女らは、己が意識無意識に抱いている〝女優だから〟という免罪符を掲げるのだ。高慢、不遜、わがまま、無理難題、差別、怠慢……、それら私が「おお、イヤだ」と身震いした表情や言葉、行いのすべて。もっと言えば、媚び、見栄、虚飾、そういった空疎なもの、すべてである。

それらは不幸にも女優の属性であり、営業用の仮面がもはや肉と一体化して、仮面の下にあるはずの素顔を失ったことにさえ気づかぬ女たちが抱える病である。辞書に言う〈それなしには考えられないような本質〉女優の属性を、高峰は嫌悪したのだ。

それとも、高慢な女だから女優になるのか、女優になると高慢になるのか、あるいは、女優になったために元からの高慢な資質が助長されるのか……私にはわからない。

私にわかることは、高峰は仕事をしていない時は女優ではなかったこと。女優である時には、役の女を理解して演じるという、職業の本分にのみ忠実だったこと。それだけである。

「商売です」

ファンは幻滅するかもしれないが、これが良くも悪くも、高峰の割り切りようだった。

好きでない職業を続けるためには割り切るしかなかった。女優が好きでないから、割り切ることができた。女優が嫌いだったからこそ、その属性を怖いほど冷静に観察することができたのである。

イヤなものはイヤ。嫌いなものは嫌い。できないことはできない。間違っていると思うことに対しては率直に「間違っている」と表明した高峰秀子とは、女優である前に映画人であることを望み、何より、当たり前の人間たらんとした人であった。（了）

訳者略歴――――
斎藤明美　さいとう・あけみ
1956年、高知県生まれ。津田塾大学卒業後、高校教師、テレビ構成作家を経て「週刊文春」の記者を20年間務め、2006年フリーに。1999年、処女小説「青々と」で日本海文学大賞奨励賞受賞。記者時代から松山善三・高峰秀子夫妻と交遊があり、2009年、養女となる。著書に『高峰秀子の流儀』（新潮社）『高峰秀子が愛した男』（河出文庫）『煙のようになって消えていきたいの――高峰秀子が遺した言葉』（PHP研究所）など多数。

女優にあるまじき高峰秀子

2018年12月3日　第1刷発行

著　者　斎藤明美
装幀者　友成　修（データ作成・枠元治美）
発行者　藤田　博
発行所　株式会社 草思社
〒160-0022　東京都新宿区新宿1-10-1
電話　営業 03(4580)7676　編集 03(4580)7680

印刷所　中央精版印刷 株式会社
製本所　大口製本印刷 株式会社

ISBN978-4-7942-2363-0　Printed in Japan　検印省略